让校园阳光起来

阳光体育活动新视角

张　刚◎编著

ZHEJIANG UNIVERSITY PRESS
浙江大学出版社

内容提要

　　中国学生发展核心素养的总体框架对学生健康生活素养提出了具体要求，而身心素养是健康生活的首要前提，学生掌握适合自身的运动方法和技能，是养成健康生活方式、理解生命价值、提高安全意识、形成自信坚韧品质的基础。在体育新课改推动下，学校阳光体育活动进入全新的阶段。优化和创新阳光体育活动是新时期赋予学校体育工作的现实诉求。本书作者在一线从事体育教学工作和阳光体育教学研究 15 年，实践中基于"学生学练、全员运动、教师专业成长"三方面的基本需求，以"小场地、巧规划、微课程、促健康"为核心，以课程标准为底线尺度，依据本地区和学校特色自行设计、"量身定制"，个性化围绕"乐活"体育拓展课程的目标，因地制宜、因人制宜地将校园碎片化的阳光体育活动内容，如民间体育、拓展运动游戏、全员运动会等进行收集、整理、创编，从目标、内容、方法、评价等方面予以优化、设计、整合、实施。引导每一位学生初步掌握一至两项运动技能，形成积极参与运动的生活方式，达到并保持健康的体能，快乐、自信地展现自我，从而提高学生身心素养，促进师生生命自由舒展与成长。

内容简介

序

得悉张刚老师的《让校园阳光起来》一书即将由浙江大学出版社出版,值得庆贺,因为一位一线的草根小学体育教师通过10多年潜心研究,踏踏实实地将"学生阳光体育活动"的实践课程化、校本化,这应是一件十分有意义的事。

在我印象中,张刚老师既是一位科研型的体育教师,又是一位管理型的体育教师,担任正职校长的体育教师本身数量就不多,而将阳光体育运动作为学校文化建设主导力量,始终成为他看重的治校管理理念之一,更难能可贵!因此,在我心里始终把张刚老师看作可以为我省学校体育工作研究做出成绩的团队成员之一。这些年来的事实也证明了我的判断是正确的,张刚老师不仅在体育科研上继续向前行,在学校管理上也取得了优异成绩,从学校副校长到书记再到校长的快速成长,都为他深入研究学校阳光体育打下了坚实的基础。

学校作为学生成长过程中的重要场所,责无旁贷地应"以学生发展为本"的精神来推动学校体育工作的纵深开展。这就需要学校严格执行"每天一小时体育活动"的规定并形成长效机制;要开齐、开足、开好体育课,不得以任何理由削减和挤占,并努力让每一节体育课都受到学生的喜爱;同时还要为落实连接家庭体育和社区体育打好基础。张刚老师通过学校阳光体育运动的长期实践研究,为落实以上三点搭建了很好的平台,也满足了学校体育工作向纵深发展的需要。《让校园阳光起来》一书,就是他10多年来对学校体育教育改革的思考,也是他不断学习先进的课程理念后结合学校实践的大胆创新,其中有许多经验值得我们借鉴。

本书开阔了我们的视野,拓宽了我们对学校阳光体育运动的理论认识。通过构建"学校、家庭、社会(社区)"三位一体的校本化"大体育课堂",赋予了学校体育更强的育人功能,提高了教师开发课程资源的能力,促进一大批"生命型"体育教师专业情意发展。长期以来,我们对由体育教学、课外体育活动、体育竞赛等组成的学校体育,往往只注重各自在发展学生体质中的不同作用,而容易忽视各自内部以及与家庭体育、社会体育等之间内在联系的统整。张刚老师的这次探索,使我们充分认识到学校阳光体育运动校本化实施的重要意义:当体育运动遇到了阳光,说明体育运动得到了制度化、规范化的认可和实施,两者结合可以说是在一定高度上的自然叠加而形成合力,有利于形成人人参与、个个争先、生气勃勃的校园体育锻炼氛围和全员参与的群众性体育锻炼风气,最终给社会带来旺盛的生命力和巨大的财富,为实现中华民族的伟大复兴做出应有贡献。

　　本书探索了学校阳光体育运动校本化课程实施的基本模式,旨在推动学校阳光体育运动的实践创新。它紧紧围绕"小场地、巧规划、微课程、促健康"的教学核心,依据体育与健康课程标准,结合本地区和学校特色自行设计、"量身定制";围绕阳光体育活动的目标和要求,对教学优化、内容整合、实施途径、评价方式等进行深入的实践和探索,通过对体育课堂教学方式的改进、大课间活动设计的优化与创新、课外体育活动的丰富与规范、学校运动会的全员化改革、校外体育锻炼的拓展与延伸等一系列实践研究,力求因地制宜、因人制宜地将校园碎片化的阳光体育活动内容,以校本课程的方式予以优化、整合、实施。帮助每一位学生掌握适合自身的运动方法和技能、促进养成锻炼习惯和健康生活方式。

　　张刚老师诚邀我为本书作序,我自知能力和水平有限,曾有所犹豫,但由于本书研究的内容值得其他学校和老师借鉴,对推进中小学学校体育工作研究很有意义,所以也就鼓起勇气写了这篇文章。如有不当之处,敬请读者原谅。同时,我愿与张刚这样的老师、校长们一起,为中小学学校体育的改革与发展,结伴前行。

余立峰

2020 年 2 月 21 日

前　　言

　　"每天锻炼一小时,健康生活一辈子。"一个响亮的口号拉开了全国亿万学生参与阳光体育活动的序幕,形成了全国联动、上下互动的体育活动氛围。阳光体育活动是一项旨在吸引广大青少年学生走向操场、走进大自然、走到阳光下,积极主动参与体育锻炼,培养体育锻炼兴趣和习惯,有效提高学生体质健康水平的活动。它包括体育课、大课间、课外体育活动、各项校内体育竞赛、课余体育训练及家庭、社区、假期体育活动等内容。阳光体育活动是落实学生每天锻炼一小时的基本要求,深化课程改革和提升学生身心素养的有效途径。

　　中国学生发展核心素养的总体框架对学生健康生活素养提出了具体要求,而身心素养是健康生活的首要前提,学生掌握适合自身的运动方法和技能,是养成健康生活方式、理解生命价值、提高安全意识、形成自信坚韧品质的基础。当前,优化和创新阳光体育活动是新时期学校体育工作赋予它的现实诉求。然而,随着阳光体育活动和新课改的进一步深入,我们对一线校园体育工作现状进行了审视和反思,体育健康意识、师资、场地、设施和器材等方面的不足都成为推进学生阳光体育活动的阻力。更有很大一部分校园地处城市的老城区,运动场地狭小,校内体育设施未能得到充分利用,导致大课间活动内容、形式较为单一,学生参与大课间活动兴趣不高,练习效果不佳。同时,在近年学校体质健康监测中发现,虽然学生体质得到持续改善,但在校外实践中,学生意志品质、合作能力、创新意识等方面亟待提高。学校、社区、家庭体育一体化面临困境,阳光体育缺少时间上的连续性,未能充分达到优势之效。在实践中,由于教师的专业素养能力差异性较大,阳光体育活动开展得不平衡,一部分学校体育教学较为碎片化、单一化,亟待通过课程实施手段进行有效整合,提升学校、教师阳光体育活动的实践能力和实效。

本书作者带领一线体育教师团队从事基层校园阳光体育活动教学，并开展研究达 15 年。实践中基于"学生学练、全员运动、教师专业成长"三方面的基本需求，以"小场地、巧规划、微课程、促健康"为核心，以课程标准为底线尺度，依据本地区和学校特色自行设计、"量身定制"，个性化地围绕阳光体育活动目标和要求，对阳光体育活动"教学优化、内容整合、实施途径、评价方式"等进行了深入的实践和探索，力求因地制宜、因人制宜地将校园碎片化的阳光体育活动内容，如民间体育、拓展运动游戏、全员运动会等进行收集、整理、创编，从目标、内容、方法、评价等方面予以优化、设计、整合、实施，努力使校园阳光起来，引导每一名学生初步掌握一至两项运动，形成积极参与运动的生活方式，达到并保持健康的体能，快乐、自信地展现自我，从而提高学生身心素养，促进师生生命自由舒展与成长。

本书撰写的过程中得到国家、省、市体育教育专家毛振明、李曙刚、余立峰、周晓明、何鲁伟、赵一峰等的指导，下城区研耕体育学习团队程国美（杭州市京都小学，参与第二章撰写）、徐峰（杭州市永天实验小学，参与统稿和第五章撰写）、傅纬（杭州市景成实验学校，参与第五章撰写）、杨蓬（杭州市长江实验小学，参与统稿和第六章撰写）等教师积极参与。在此，对全体专家和教师在撰写本书过程中给予的指导帮助和辛勤付出表示衷心的感谢！由于时间仓促和水平原因，本书难免还存在一些不足之处，敬请校园体育工作者和一线体育教师给予批评指正。

张　刚

2020 年 2 月 2 日

目　　录

第一章　阳光体育活动概述

本章共三节,重点从三个方面阐述,即:阳光体育活动产生的社会背景、存在的困境;阳光体育活动的内涵与特征;阳光体育活动的意义和价值。同时,对阳光体育活动与学校体育之间的关系进行了阐述。

阳光体育活动是在党和政府的关怀下,在中共中央、国务院中发〔2007〕7号文件精神指导下实施的。阳光体育活动的目的在于改变我国学生体质健康水平不断下降、学校片面追求升学率、传统体育教学模式和"放羊式"体育教学模式依旧残留、体育师资配备不足和体育设施匮乏等现状。

第一节　缘起与困境

广大青少年身心健康、体魄强健、意志坚强、充满活力,是一个民族生命力旺盛的体现,是社会文明进步的象征,是国家综合实力的重要方面。改革开放以来,我国青少年体育事业蓬勃发展,学校体育工作取得很大成绩。青少年营养水平和形态发育水平不断提高,极大地提升了健康素质。但是,必须清醒地看到,受片面追求升学率的影响,近年来一些地方和学校对体育工作不够重视,存在"重智育、轻体育"的倾向,学生课业负担过重,休息和锻炼时间严重不足,学生的体质健康状况出现退化。

为切实提高学生健康水平,2006 年 12 月 20 日,教育部、国家体育总局、共青团中央联合下发《关于开展全国亿万学生阳光体育活动的决定》,从 2007年开始,结合《国家学生体质健康标准》的全面实施,在全国各级各类学校中广泛、深入地开展以"达标争先、强健体魄"为目标的"全国亿万学生阳光体育活动",旨在要求学校通过高质量的体育活动,吸引学生主动参与运动,最终实现身心素质全面发展。

2007 年 5 月 7 日,《中共中央国务院关于加强青少年体育增强青少年体质的意见》(中发〔2007〕7 号,以下简称《意见》)下发,提出了加强青少年体育增强青少年体质的意见。这个文件是新中国成立以来党中央、国务院第一次就加强青少年体育工作下发的重要文件,也是学校体育史上规格最高的一个文件。《意见》对加强青少年体育、增强青少年体质提出了三方面 20 条要求:第一,高度重视青少年体育工作;第二,认真落实加强青少年体育、增强青少年体质的各项措施;第三,加强领导,齐抓共管,形成全社会支持青少年体育工作的合力。2007 年 5 月 25 日,国务院专门召开了加强学校体育工作、增强学生体质的电视电话会议,全面部署贯彻中发〔2007〕7 号文件和胡锦涛同志批示精神。通过此次会议,教育战线的广大同志受到了一次深刻的教育。同时,在社会各方面的共同努力下,"健康第一"的思想逐步达成共识,"每天锻炼一小时,健康工作五十年,幸福生活一辈子"的理念开始得到广泛认同。阳光体育活动是全面贯彻党的教育方针,认真落实"健康第一"的指导思想重要载体。此后,在全国亿万学生中掀起了一股体育锻炼的热潮。目前,阳光体育活动在全国范围内如火如荼地开展已有十多年。作为国家层面推动的重要体育活动,阳光体育活动对学生身体素质的提高起到了巨大的促进作用。通过实践,我们发现阳光体育活动的实质是在新的教育理念指导下,对过去学校体育活动的一种总结和深化。显然,校内体育课、体育大课间、体育竞赛活动和校外各种体育活动是阳光体育活动的重要组成部分,优化和创新是新时期学校体育工作赋予体育教学的现实诉求。随着新时期阳光体育和新课改的进一步深入,笔者在对学校阳光体育活动现状进行审视和反思之中,发现一些亟待解决的问题。

一、理念亟待更新

现有阳光体育活动的经验和资料多而杂乱,部分教师对如何进行有效选择和利用这些教学资料显得茫然。对如何开展阳光体育活动,改进体育课堂教学,思路不够清晰,导致课堂教学效果不佳。20 世纪末,我国学校体育整体改革全面启动,先后颁布了中小学《体育与健康课程标准》《学生体质健康标准》《全国普通高等学校体育课程指导纲要》,为我国大、中、小学体育改革人性化发展指明了方向。但是改革并非一帆风顺,由于场地、设施、师资的限制,传统教学思想在部分体育教师和体育管理者意识中的沉积,使得“以教师为中心”的传统体育教学模式依旧出现在很多体育课堂上,从而使师生之间缺乏情感交流,忽略学生的个性发展,难以给学生人文关怀,不易给学生创造一个充满自由、和谐、关爱、平等的人文氛围。在传统体育教学模式中,学生成了体育知识技能机械、被动的接受体,缺乏自我思考、自我发现、自我创造的能力,不能真正掌握所学的知识。体育课堂质量难以得到保障,阳光体育活动的开展、实施也深受影响。

二、场地有待拓展

很多地处城市中心老城区的学校,体育活动场地狭小,校内活动设施未能得到充分利用,导致大课间活动内容、形式较为单一,学生参与大课间活动的兴趣不高,练习效果不佳。如以杭州市某主城区为例,区域内 85% 以上中小学体育活动场地普遍偏小,生均运动面积只有 3~5 平方米,各校园间阳光体育活动开展效果差异较大。场地的匮乏严重制约着阳光体育教学活动的开展。小场地下如何开展好阳光体育活动更是众多体育教师较为困惑的问题。

三、体质不够均衡

中小学生处于生长发育的关键阶段。增强青少年体质,是中小学生健康成长和全面发展的基础。

2018 年 8 月 19 日,《光明日报》刊发了教育部基础教育质量监测中心发布的《中国义务教育质量监测结果报告》(以下简称《报告》),这是我国首份义务教育质量检测报告。在这份《报告》里,有当下学生学习、生活、成长的全貌,也有对教育教学质量提升过程中尚存短板较为精准的聚焦(见表 1-1-1)。

《报告》显示,学生心肺功能、速度素质达标率较高。根据《国家学生体质健康标准》(2014 年修订),四年级学生肺活量达到及格标准的比例(达标率,下同)为 98.1%,优秀率为 33.4%;八年级学生肺活量达标率为 95.9%,优秀率为 31.0%。四年级学生 50 米跑达标率为 96.3%,优秀率为 18.3%;八年级学生 50 米跑达标率为 94.7%,优秀率为 21.4%。

《报告》还显示,学生肥胖、近视和睡眠不足问题较突出。四年级男生肥胖比例为 8.5%、女生为 5.1%,八年级男生 8.5%、女生为 6.2%。同时,四年级和八年级学生视力不良检出率分别为 36.5%、65.3%,其中四年级女生视力中度不良和重度不良比例分别为 18.6%、10.4%,男生分别为 16.4%、9.0%;八年级女生视力中度不良和重度不良比例分别为 24.1%、39.5%,男生分别为 22.1%、31.7%。另根据国家规定,小学生每天睡眠时间应保证 10 小时,初中生 9 小时。但监测结果显示,四年级学生睡眠时间在 10 小时及以上的比例为 30.7%,八年级学生睡眠时间在 9 小时及以上的比例为 16.6%。

表 1-1-1　2018 年教育部《中国义务教育质量监测结果报告》
学生健康相关统计数据　　　　单位:%

年级	性别	肺活量		50 米跑		肥胖率	视力	
		达标率	优秀率	达标率	优秀率		中度不良率	重度不良率
四	男	98.1	33.4	96.3	18.3	8.5	16.4	9.0
	女					5.1	18.6	10.4
八	男	95.9	31.0	94.7	21.4	8.5	22.1	31.7
	女					6.2	24.1	39.5

结合《报告》和《国家学生体质健康标准》分析,我国青少年学生体质呈现"稳中向好"的趋势,但学生的综合素质水平,包括运动、身体机能没有明显改善,出现了越来越多的肥胖、心肺功能差、缺乏耐力、没精神、近视等现象。再加上学习的压力,对学生心理健康产生了重大的影响。学生身心健康引发的社会问题,困扰着无数个家庭。因此,有效保护、积极促进青少年身心健康成长已成当务之急。

校园学生体质健康监测发现,学生的耐力、爆发力、力量素质呈下降趋势。同时,在校外体育活动实践中,学生意志品质、合作能力、创新意识等方面亟待提高。学生身高、体重、胸围增长的同时,超重与肥胖检出率持续增加,成为影响学生健康状况的一大因素。以区域为例,男生的超重率达到了 23.3%,近三年肥胖率年增长 10.7%。学生各年龄组的肺活量水平持续下降,速度、爆发力、力量耐力素质水平进一步下降。近年来,小学男女生肺活量分别下降 253 毫升和 208 毫升,为下降率最明显的人群;力量、耐力素质则持续下降。学生视力不良率仍然居高不下。近年来,各年龄组的视力不良率均有所上升,且随着年龄的增加,视力不良率明显升高。以笔者所在学校为例,目前近视率达 58.7%。从整体来看,我国青少年学生、儿童的近视率已居世界前列。

四、体系尚需完善

2019 年 7 月,健康中国行动推进委员会制定印发《健康中国行动(2019—2030 年)》,围绕疾病预防和健康促进两大核心,提出将开展 15 个重大专项行动。

这 15 个重大专项行动中,有一项是"中小学健康促进行动",对学生个人、家庭、学校和政府分别提出了行动目标。提出到 2022 年和 2030 年,国家学生体质健康标准达标优良率分别达到 50% 及以上和 60% 及以上。全国儿童青少年总体近视率力争每年降低 0.5 个百分点以上和新发近视率明显下降。小学生近视率下降到 38% 以下。符合要求的中小学体育与健康课程开课率达到 100%。中小学生每天校内体育活动时间不少于 1 小时。学校眼保健操普及率达到 100%。将学生体质健康情况纳入对学校绩效考核,与学校负责人奖惩挂钩,将高中体育科目纳入高中学业水平测试或高考综合评价体系。提倡中小学生每天在校外接触自然光时间 1 小时以上。小学生、初中生、高中生每天睡眠时间分别不少于 10、9、8 个小时。中小学生非学习目的使用电子屏幕产品单次不宜超过 15 分钟,每天累计不宜超过 1 小时。学校要鼓励引导学生达到《国家学生体质健康标准》良好及以上水平。

当前,行动目标的达成存在很多亟待提升的地方,学校、社区、家庭体育一体化面临困境,阳光体育缺少时间上的连续性,未能充分达到优效。开展阳光体育活动就是要加强体育设施和师资队伍建设,全面完善学校、社区、家庭相结合的青少年体育工作网络,形成全社会珍视健康、重视体育的氛围,培养青少年良好的锻炼习惯和健康的生活方式,在广大青少年中形成热爱体育、崇尚运动、健康向上的良好风气,形成全社会支持青少年体育工作的合力。进一步完善青少年体育的政策保障措施,加强对学校体育工作的督促检查,加强对青少年体育、卫生、健康工作的组织、指导、服务,加强家庭和社区青少年体育工作,为青少年健康成长创造良好氛围。把健康素质作为评价学生全面发展的重要指标,为实施素质教育促进学生全面发展创造良好条件。

随着新一轮课改的实施和推进,如何有效开展阳光体育活动已成为热点话题。阳光体育活动依托于体育课堂教学、课外体育活动,是落实学生每天锻炼一小时的基本要求,是深化课程改革和全面实施素质教育的有效途径。它能进一步提高学生体质健康水平,促使他们在意志品质、合作能力、创新意识等方面全面发展。开展阳光体育活动不在于追求课堂的热闹和奢华,而是要追求课堂教学的真实、有效,充分发挥学校教育、教师资源优势,追求"课程与教学的最优化"。城区学校应根据阳光体育多样性、间接性、具体性的特点,基于校本实际优化阳光体育活动。建构更为综合、开放的体育课程体系,丰富阳光体育活动的途径、方法,进一步拓展体育教学功能,为学生开辟更为广阔的体育学习空间,初步构建"学校、家庭、社会(社区)"三位一体的"阳光体育大课堂"。进一步提高学生体育意识、运动技能、身心发展水平。同时,通过阳光体育校本化实施,可以引领和促进"生命型"体育教师的专业成长。因此,进一步提升城区校园阳光体育活动实效,为区域提供一个可借鉴的范例显得尤为迫切和重要。

第二节　内涵与特征

了解我国青少年体质健康现状,可以帮助我们更深刻地认识和理解开展阳光体育活动的背景和意义。但要在实践中对阳光体育活动进行有效的操作,还必须对阳光体育活动的内涵和目标进行必要的界定。为了相对准确地对阳光体育活动的概念进行界定,我们首先有必要对阳光体育活动与学校体育的关系进行一些梳理。因为在开展阳光体育活动实践中,许多学校的领导和体育教师都会存在以下疑问:阳光体育活动与学校体育是什么关系? 如果两者的目的、要求、内容、实现途径和手段一致,为什么要特地提出一个阳光体育活动的概念呢?

阳光体育这个名词的出现,主要是针对目前大中小学生体育锻炼的热情不高、体育锻炼的习惯养成不足、健康水平下滑的现状,旨在鼓励大中小学生走出教室、走向操场、走到阳光下进行体育锻炼,其主体主要是指大中小学生,其外延不仅指向课内、校内,而且指向家庭、社区和其他团体与部门。所以,可以把阳光体育活动理解为一项旨在促进大中小学生积极参加体育锻炼、增强体质,学校、家庭、社会多方参与的一体化的体育工作,其工作重点和重心是提升学生体质健康水平。阳光体育活动不是单纯的学校体育教学,其外延更宽泛。我们可以从以下几方面来分析阳光体育活动与学校体育的联系。

一、阳光体育活动与学校体育的联系

(一)具体实施对象:阳光体育活动与学校体育的实施对象基本一致,都是面向全体孩子。

(二)学科培养目标:学校体育的实施对象主要是大中小学生。实施的目标是开发学生的身心潜能、增强学生体质、增进学生健康、促进学生身心和谐发展;培养学生从事体育运动的态度、兴趣、习惯和能力,为终身锻炼奠定良好的基础;促进学生个体发展,培养学生具有良好的思想品质、创新精神和创新能力,成为德、智、体、美、劳全面发展的社会主义建设的合格人才。实现这一目标的途径主要有体育课、大课间、课外体育活动、课余体育训练与竞赛等。

(三)丰富实施途径:阳光体育活动与学校体育教学两者实施途径基本是一致的,都依托于体育课教学、课外体育活动等,但是阳光体育活动更注重《国家学生体质健康标准》的实施和达标,更关注学生每天一小时体育活动的落实,更重视课外体育活动的开展。

(四)明确实施要求:应该说两者实施的要求也是一致的,都是积极贯彻国家的教育方针,扎实推进素质教育,认真落实"健康第一"的指导思想,按照学校体育工作政策要求开展工作。但是,阳光体育活动更具有明确性,有时间限制,有量化标准,要保证课时、按课程标准教学、配齐配强体育教师、广泛开展课外体育话动、加强学校体育设施器材配备、确保学校体育安全,等等。

二、阳光体育活动与学校体育的区别

可以这样理解,学校体育更多地依托于体育课,注重教育性、学科性、学理性,培养全面发展的人。而阳光体育活动则以实施《国家学生体质健康标准》为基础、为主线,围绕短期内提高学生体质健康的目标,广泛开展各项课外活动,积极落实每天锻炼一小时的要求,达到学校体育和阳光体育相同的目的。同时,阳光体育活动可以走出校门,向社区、家庭延伸,逐渐构建起学校、家庭、社区"三位一体"的三级体育活动网络。从开展的活动项目来看,阳光体育活动更注重开发一批新颖的、青少年学生喜闻乐见的运动项目。要在当地文化传统的基础上拓展已开发运动项目资源,形成校内外阳光体育活动特色,而不是单纯完成体育课开设的体育项目。从管理和投入方面来看,阳光体育活动不单是学校的事情,而是教育部门、体育部门、社团组织、家庭以及社会各界关心支持和参与的事情,只有这样才能形成共同关心青少年健康成长的合力。因此说,阳光体育活动与学校体育并不矛盾,两者是互相促进而不是要求在开展学校体育工作的同时另外再搞一套。阳光体育活动侧重在加强以往学校体育工作中容易忽视的一些环节。

三、阳光体育活动的内涵

阳光体育活动是一项旨在吸引广大青少年学生走向操场、走进大自然、走到阳光下,积极主动参与体育锻炼,培养体育运动的兴趣和习惯,有效提高学生体质健康水平的活动。它包括体育课、大课间体育活动、课外体育活动、体育竞赛、课余体育训练,家庭、社区组织的体育活动,假期节日体育活动等内容。

四、阳光体育活动的特征

开展阳光体育活动,建构更为综合、开放的学校体育教育体系,实践中进一步丰富教学内容和方法,为学生学习、锻炼开辟更为广阔的空间,构建学校、家庭、社会(社区)三位一体的"阳光体育活动大舞台",努力拓展体育教育研究的新领域。阳光体育活动注重内容资源、大课间、体育课外活动等方面的实践研究,积极探索社区、家庭体育活动的切入点,关注学生道德情感、意志品质、兴趣爱好、个性等非智力因素的培养。增强学生主动锻炼的意识,促进学生养成终身体育锻炼的习惯,让学生在阳光体育活动中强化基本技能、发展特长、提高体育综合素质。同时,引领学生尝试快乐运动,开阔视野、提高交际能力、增强自信心。通过优化阳光体育活动实践,进一步提高体育师资队伍专业素养。在实践中积极探索促进体育教师职业情操培养的新途径和新方法。

综合以上分析,我们总结校园阳光体育活动具有如下特征。

(一)多样化:阳光体育活动不仅仅限于学校内,也涉及学校外。它涉及学生学习与生活中所有有利于课程标准实施和体育锻炼实践的方方面面。

(二)常态化:阳光体育活动以《国家学生体质健康标准》为指导,以课堂为阵地,将校内外体育活动相结合,并且落实在每一天,是一项需要长期坚持的活动。

(三)具体化:不同地域开展阳光体育活动的内容也应各具特色。根据学校规模、地理位置,以及体育教师素质等的不同,开展阳光体育活动自然有所差异;学生个体因家庭背景、身体素质等不同,也可能存在个体之间的差异。

体育与健康课程是一门以身体锻炼为主要手段、以增进中小学生健康为主要目的的必修课,是学校课程体系的重要组成部分,是实施素质教育和培养德智体美劳全面发展人才不可缺少的重要手段。开展阳光体育活动须根据不同年龄段学生生长发育的不同特点具有针对性。如水平一和水平二的学生活泼好动,对事物充满好奇且善于模仿,喜欢新颖的有一定难度的内容,对新事物较敏感,有较为丰富的想象力。水平三的学生处于童年和少年之间的过渡期,是从幼稚向逐步独立过渡的阶段,是独立性和依赖性、成熟和幼稚并存的错综矛盾的时期,也是身心发展的加速期。因此,根据学生身心发展的特点实施阳光体育活动,才能充分激发学生的学习欲望和锻炼的积极性,促使学生学会生活、交往、竞争与合作。

第三节　意义与价值

凡事有了阳光,给我们的感觉一定很积极、很健康,如阳光工程、阳光少年、阳光运动。从自然界来说,因为有了阳光,万物才富有生气,春播秋收、花开果熟,万事万物生生不息。自然界的规律告诉我们,发展不是一枝独秀,而是阳光下的万物共生。对于青少年学生来说,阳光体育运动能够强身健体、陶冶情操、磨练意志、启迪智慧,能够培养爱国主义情感、凝聚民族精神、增强团队意识、弘扬拼搏精神。当体育运动遇到了阳光,说明体育运动得到了制度化、规范化的认可和实施,两者结合可以说是在一定高度上的自然叠加而形成合力,有利于形成人人参与、个个争先、生机勃勃的校园体育锻炼氛围和全员参与的群众性体育锻炼风气,最终给国家带来旺盛的生命力和巨大的财富,为实现中华民族的伟大复兴创造有利条件。

通过阳光体育活动的开展,吸引广大青少年学生走向操场、走进大自然、走到阳光下,积极主动参与体育锻炼,培养体育锻炼的兴趣和习惯,有效提高学生体质健康水平。

教育的使命就是最大限度地挖掘和发挥每个学生个体的潜能,“没有最好,只有更好”的信念驱动着我们不断地反思、探索更好的教育方法和教育途径。随着阳光体育活动的不断推进,阳光体育课程管理、教学研究、教师培训等教学中的诸多问题都体现出“重心下移”“不断细化”的趋势。新一轮的基础教育改革将引领体育新课程目标的实现,同时也是实现“身体、心理、社会适应”三维整体健康的基础。在阳光体育活动实践中,“健康第一”的指导思想将进一步得到深化,学生的主体地位和运动兴趣的培养,教师的教育观念、教学行为、课堂角色、专业知识能力和学生的学习方式都发生了可喜的变化。阳光体育依托体育课堂教学、课外体育活动,对于开发学生潜能、增强学生体质、增进健康、促进学生身心和谐发展有着重要的意义。开展阳光体育教学活动不在于追求课堂的热闹和奢华,而是要追求课堂教学的真实、有效,追求"课程与教学的最优化"。因此,中小学阶段如何围绕"有效教学"的目标,因地制宜、因人制宜收集、整理、筛选、创编适合各校园的阳光体育教学方案,有效指导区域创新开展阳光体育活动,显得尤为迫切和重要。其现实意义和价值如下。

一、是深化课程改革的需要

开展有效的阳光体育活动,是深化课程改革和全面实施素质教育的有效途径之一。它能进一步提高学生体质健康水平,促使他们在意志品质、合作能力、创新意识等方面全面发展。

二、是实现课程价值的需要

阳光体育活动的丰富性、多样性和个性化程度决定了体育新课程标准的实现范围和水平,是实现课程价值的基本保证。

三、是发挥地方教育、教师资源优势,创新发展体育教学的需要

阳光体育活动为创造性地利用各种体育课程资源,提供了最大的灵活性。因此,如何引导体育教师在新课程背景下有效开展阳光体育活动显得尤为重要。通过依托校本、因地制宜创造性地开展阳光体育活动,建构更为综合、开放的体育课程体系,进一步丰富阳光体育活动的途径、方法,拓展体育教育教学功能,为学生体育学习开辟更为广阔的空间,构建学校、家庭、社会(社区)三位一体的"大体育课堂"。富有生命活力的大体育课堂大大提高了学生的体育意识、运动基本技能、身心发展水平,使之德智体美劳全面和谐发展。通过课题实践,大大提高教师开发课程资源的能力,培育浓厚的学习、研究、对话氛围,促进一大批"生命型"体育教师专业情意的发展。

第二章 阳光体育活动目标

本章共三节,主要从阳光体育活动实施目标、实施要求和实施原则三个方面来具体阐述。阳光体育活动是旨在促进学生积极参加体育锻炼,增强体质,由学校、家庭、社会(社区)多方组织的一体化的大型体育活动。活动侧重于先让学生动起来、练起来、喜欢起来。有效提高学生体质和健康水平、促进学生养成终身体育锻炼的习惯是阳光体育活动的总目标。阳光体育活动的工作重点和中心是提高学生的体质和健康水平,认真落实"健康第一"的指导思想,促进广大青少年学生积极主动参与到体育锻炼中来,培养体育锻炼的兴趣和习惯,从而为终身体育打下良好的基础。

第一节 实施目标

一、保障学生身心全面发展

体育教育是中小学素质教育的一项重要内容。全面开展阳光体育活动是新时期提高学生素质的重要举措。阳光体育活动的目标是让学生能够对体育锻炼持有正确的态度,实现全面发展,并最终形成终身体育锻炼的习惯。结合国家出台的相关文件,阳光体育活动对学生的身体素质提供具体的指标,为学生身心发展提供有效保障。

二、完善学生体质健康监测制度

开展阳光体育活动的前提和基础,就是全面实施《国家学生体质健康标准》。此标准的主要目的在于通过测试和评价,促进学生积极参与阳光体育活动,提高体质健康水平。通过阳光体育活动的各项评价,完善对学生身体健康各项指标的监测制度,科学地指导阳光体育活动的顺利开展。

三、促进学校体育工作的健康发展

阳光体育活动目标的制订可以促进学校体育教育教学等各项工作的良性发展和有序开展,是学校体育工作的关键。提高学生群体性体育活动开展的质量,实施阳光体育活动是一项强有力的措施。学校体育教学评价从结果性评价转向过程性评价。为了让这些转变顺利实现,可以从以下几个方面着手去做。

(一)学校体育教学的指导思想要坚持人本位的基本方向,并将“健康第一”的理念贯彻到体育教学中,增加学生参加体育活动的时间,并适当减轻学生的学业负担。同时在体育课堂中传授日常生活中的卫生保健、营养膳食和预防疾病等体育健康知识。

(二)学校开足体育课时,做到专课专用。课堂上保证学生的运动强度和趣味性,使其充分体验运动带来的快乐,并养成每天进行体育锻炼的良好习惯。同时,学校开展丰富多彩的阳光体育活动来丰富学生的课余生活。

(三)在满足基本条件的情况下,尽量为学生参加阳光体育活动提供多样的健身器材,逐步完善学校的体育设施,而且要保证体育器材设施的安全性,让学生安全锻炼。

(四)主管部门可以通过开设阳光体育活动相关的专题讲座,有针对性地进行系统讲解,提高学生阳光体育活动的参与意识,从理论上引导学生正确地认识阳光体育活动。同时,利用课外体育活动时间,组织形式多样的学生阳光体育活动,特别是贴近学生生活的、趣味性较强的体育活动;还可以组织教职工体育活动,以充分发挥教师的榜样和示范作用,积极营造一种人人热爱体育、人人参加体育锻炼的阳光体育活动氛围。在进行校园宣传和组织各项活动的同时,对表现突出的先进个人和集体给予大力表扬,以此带动更多的班级和学生参与到体育活动中来,从而提高阳光体育活动的普及度。

四、全社会对学校体育工作的支持

教育、体育部门，学校、社区、家长和新闻媒体形成合力，根据各自的职能发挥作用。提倡学校的体育场馆节假日向学生和社会开放，充分发挥体育资源的作用，促进阳光体育工作的全面开展。新闻媒体要加强对学校体育工作、学生体育活动及各项赛事的报道，学校也要充分利用校园微信公众号、校园网络平台对各项阳光体育活动进行报道，进一步引导和推动阳光体育活动健康、有序地开展。

第二节　实施要求

为更好地响应国家号召，积极开展阳光体育活动，提高学生身体素质，鼓励学生走出教室、走向操场、走到阳光下进行体育锻炼，提高学生的体质健康水平，养成长期锻炼的习惯。笔者经过实践探索、思考与总结，对学校阳光体育活动的实施提出以下建议和要求。

一、阳光体育活动要与《国家学生体质健康标准》相结合

教育部、国家体育总局颁发的《国家学生体质健康标准》及实施办法，是贯彻和落实"健康第一"的重要指导思想，是全面推进"全国亿万学生阳光体育运动"的重要内容。

《国家学生体质健康标准》的重要内容体现在以下几个方面：

（一）指导思想明确。始终以"健康第一"为指导思想。测试内容注重与身体健康状况密切联系，增强阳光体育活动的实用性和适应性，扩大阳光体育活动适用的范围。

（二）明确"教考分离"，还原运动本质。注意测试项目与练习项目的分离，防止考什么教什么的应试教育倾向，防止对正常体育教学造成影响和冲击。促进阳光体育活动的开展和学生身体素质的提高。

（三）意见反馈多维度。评测量表除了定量指标外，还增加了定性指标等级，如身体指标的反馈（营养不良、体重较轻、超重、肥胖等）、单项和综合项目的等级评定（优秀、良好、及格等），这样可以关注学生个体之间的差异，采用针对性的个体评价方法。多维度的反馈有利于明确不同个体的差异，以便做出科学系统的体育锻炼指导，真正做到促进学生体质健康的全面发展。

（四）综合评价科学。评价量表采用 4 等级（优秀、良好、及格和不及格）7 段制（优秀、良好、及格等级中各分为两段），体现评价机制的公平和激励作用。最终给出的评价结果直观又科学，使学生能够知道自己的优势和薄弱点，可以有针对性地进行锻炼和调整。

（五）《国家学生体质健康标准》加快了学生体质健康状况监测工作科学化、现代化的步伐。配合个性化的软件开发，使学生能够快速了解自己的体质健康状况。

二、阳光体育活动要与体育课堂教学紧密结合

阳光体育活动的开展，要求老师不仅仅教运动技能，同时也要向学生传达正确的健康理念，让学生逐渐了解体育活动的重要性，培养其在日常生活中运动的习惯。根据学校教育的总体要求和体育课程的自身规律，在体育课程内容设置时，要把"以人为本，健康第一"的指导思想作为选编教学内容的基本出发点，遵循学生身心发展规律和兴趣爱好，不但要选择传统的优秀教学内容，而且要选择具有地方特色和新时代特色的教学内容，形成学校特色和地方特色。新兴体育项目迎合当代学生求新、好奇的心理需求，对学生有着极大的吸引力，这是学校体育教学发展必须要关注的问题。具有地方特色和新兴体育项目的教学内容更能引起学生的兴趣，也更加能够坚持。具体可以从以下几点思考。

（一）保证开齐开足体育课。一、二年级每周四节体育课，三至六年级每周三节体育课，做到专课专用。没有体育课的当天，学校要组织学生进行一小时的体育锻炼。阳光体育活动要求学校将体育锻炼时间列入课表，形成制度。广泛开展大课间体育活动，即在上午第二节课和第三节课之间，安排 25～30

分钟,开展丰富多彩、形式多样的群体性阳光体育活动。寄宿制学校要组织学生出早操。初、高中阶段不能以任何名义挤占体育课时;高等学校也要上好每一节体育课。体育课是学校阳光体育活动开展的关键,对帮助学生养成锻炼习惯、掌握体育知识、发展运动技能具有重要的作用。

(二)保证学生每天参加一小时体育锻炼。让"每天锻炼一小时,健康生活一辈子"的终身运动理念,深入每一个孩子的心底。每天锻炼一小时,是一个概念,是一个要求,不是说每次少几分钟多几分钟都不行。这一小时体育锻炼时间包括了体育课时间。如果将体育课归纳为"学",那么我们可以把每天的体育锻炼归纳为"用"。学生在课堂上学到的运动技术,形成运动技能有了用武之地。通过"学"来提高"用",通过"用"来体现"学",最后达到"学"与"用"的有机结合,共同促进学生的身心健康。

(三)为学生阳光体育活动的开展提供条件。学校要为阳光体育活动的开展提供多方面的支持,比如配足体育教师,积极组织、策划多层次、多样化的体育团队竞赛活动,提高学生对阳光体育活动的兴趣。学校分管校长要亲自动员和号召学生参加阳光体育课外活动。作为分管体育的领导必须对学校体育活动的开展起到指导和引领作用,及时了解体育教学和体育活动的最新信息,让本校的阳光体育活动走在兄弟学校的前列。体育教师更应该加强自身的业务能力,对学校正在举行和将要举行的各类阳光体育活动有提前的计划和部署,有充分的认识,有较强指导能力和教学手段,同时做一些社会和学生调查,找出适合自己学校开展的阳光体育活动项目,提高学生阳光体育活动参与的积极性和参与面。中小学班主任、体育教师及学生要做阳光体育活动的积极组织者和推动者,形成人人参与、生机勃勃的学校阳光体育活动氛围。学校还可以将阳光体育活动和竞技体育结合起来;可以开设多个阳光体育活动社团,培养体育特长生,为带动学校的阳光体育活动注入有生力量,使得学校阳光体育活动更具层次性和技术性。

(四)加强对学校阳光体育活动的立法和执法力度。为确保"阳光体育活动"的顺利实施和开展,构建政府"阳光体育活动"职责制度,将科学发展观放到"阳光体育活动"的制度构建之中,将统筹城乡学校体育发展、促进均衡发展制度化。

（五）建立"阳光体育活动"财政支持制度。建立"阳光体育活动"人才培养制度，提高教师自身教育教学的创新能力；改革目前社会就业制度，把健康指标作为用人单位选用人才重要考核内容，从根本上保证"阳光体育活动"的实施和推进；要建立和完善阳光体育活动的激励机制和监督机制。激励机制内容就是要建立评价指标体系，对开展阳光体育活动突出的单位和个人给予奖励，而构建完善的监督机制就是避免阳光体育活动开展的盲目性、随意性。监督机制能够确保阳光体育活动开展的长期性和可持续发展，同时应构建科学的体质监测成果转化体系。制订"学生个人阳光体育活动计划"，促进学生实现身心健康、提高适应社会能力的目标。

只有让阳光体育活动与学校体育课程牢牢结合，两者相辅相成，才能真正提高学生的身体素质，促进学生德、智、体、美、劳全面发展。

三、阳光体育活动要与课外体育活动相结合

课外体育活动是体育教学的延伸，形式多样的课外体育活动能很好地弥补课堂教学在时间、空间上的不足。为了推动阳光体育活动的开展，让学生走向操场、走进大自然、走到阳光下，积极参与体育锻炼，掀起全体学生健身运动的高潮，学校应做到以下两点。

（一）把课外体育活动纳入学校日常教学计划，并逐渐形成制度，让每位学生每周至少参加三次课外体育活动，每天坚持锻炼一小时。在课外体育活动形式和内容的安排上，要充分考虑学生的个体差异与兴趣爱好，探索学生感兴趣的，有民族特色、学校特色的学生体育活动，激发学生积极参加课外锻炼的热情，督促那些锻炼意识薄弱的学生投入到课外体育锻炼中去，使上课内容的消化理解在课外得以实现，真正实现课内外一体化。

（二）发挥学生体育社团的功能，吸引学生参与课外体育活动。学生体育社团是由具有相同体育兴趣、爱好的学生组成的团体，以共同的观念、追求目标为基础，以体育运动为活动内容，以多种形式开展活动。体育校外培训机构种类繁多、活动内容丰富，极大地满足了学生多样化需求。其参与的自主性和

活动形式的灵活性为学生创设了一个宽松的锻炼氛围,使体育社团成为当前和未来学校体育课外活动的重要组织形式。因此,学校要充分重视学生体育社团的作用和功能,因势利导,加强对学生体育社团的支持、管理和指导。同时,体育校外培训要加强组织管理,提高练习质量,合理安排活动时间,吸引更多的学生加入体育社团活动,满足学生个性发展的需要。

四、阳光体育活动要与学校体育节相结合

体育节是一种新型的校园阳光体育活动组织形式,其内容丰富、形式多样,参与面较广,更加符合素质教育的要求,有益于营造良好的体育锻炼氛围。学校应充分利用体育节拓展竞赛项目的空间,竞赛项目的设置要充分考虑广大学生的参与性,避免过分竞技化和只有少数人感兴趣的现象;大量引入趣味性强、时代感强,具有地方特色和民族特色,易操作、易推广的体育娱乐项目,使更多的人能够感受到体育竞赛带来的乐趣,体会体育精神。可以把难度较大的项目,如跨栏跑、标枪等删除,保留运动会的常规项目,以竞技运动的独特魅力吸引学生积极参与。可以增设师生喜闻乐见、趣味性强的集体竞赛项目,如24人"勇往直前"70米跑、50米"名次跑"、8人一起"跳长绳"等项目,提高学生的参赛兴趣,培养学生团结协作的集体主义精神。可以引入民族传统体育项目,如滚铁环、踢毽子、跳竹竿舞、三人板鞋、拔河等,继承民族文化遗产,弘扬民族精神。可以开展体育知识讲座、体育知识竞赛、体育主题演讲比赛等活动,让学生了解体育运动的历史和现状,使学生充分认识体育锻炼对于身心健康的重要性。学校体育节的开展能够进一步激发学生参加体育锻炼的兴趣,营造浓厚的校园体育文化氛围。

五、阳光体育活动要与校外运动休闲紧密结合

运动休闲是指学生利用余暇时间,为达到娱乐、健身目的而选择自己喜欢的体育运动。运动休闲是指人们抱着自我完善、自我充实的自觉态度,积极、主动地追求和享受运动乐趣的一种体育活动方式。它具有主动性、娱乐性、创造性和群体性等特点。运动休闲可以丰富节假日的生活,是一种由学校向社

会过渡的运动方式。经常参加运动休闲活动可以加强人际交往，达到既强身健体、增进健康，又提高交际能力、调节情绪的目的。体育教育不仅要充分利用校内体育设施，还要有效地利用校外的资源；不仅要重视学校的课内体育活动，还要抓好学生在校外的体育活动。教师要转变体育教育观念，突破课堂的局限，适当地组织和开展亲子运动会、登山、游泳比赛、毅行、健走等活动，通过与大自然的充分接触，实现对身体和心灵的双重磨练，激发热爱人生的信念与信心。学校应充分利用休闲运动引导学生以积极的姿态参与运动，培养学生的运动情趣和运动习惯，改善亲子关系。阳光体育活动的开展对于全面贯彻党的教育方针，落实中共中央、国务院《关于加强青少年体育增强青少年体质的意见》精神，起着十分重要、积极的推动作用。

六、要建立阳光体育活动长效机制

阳光体育活动长效机制的建立应着重从科学规划、健全制度、建立相应机制等三大方面入手。

（一）制订发展规划、建立长效机制是学校阳光体育活动的一项复杂的系统工程，要坚持科学性、系统性、规范性和可操作性的统一。

（1）学校应积极鼓励跨部门联合协作开展阳光体育活动，在发挥规模效应和环境效应的基础上，研究制订符合本校实际情况的五年或十年阳光体育活动发展规划，加强对阳光体育活动的宏观指导。

（2）规划框架结构体系主要应包括指导思想与原则、总体规划、分阶段的任务和目标、制度建设、组织网络建设、人力资源的培养与开发、组织活动形式、隶属及融合关系、评价体系以及专项扶持经费等。

（3）规划制订要坚持以人为本的科学发展观，把提高青少年的健康素质纳入各地全面建设小康社会的总体目标，纳入教育工作和体育工作规划，并把学生体质健康状况作为评价教育工作和体育工作的重要指标，切实加强对学校体育工作的领导，尽快改变学校体育"说起来重要、做起来次要、忙起来不要"的状况。

（二）学校内部拓展开展阳光体育活动所需的广阔空间。保证学校内部各部门间发展不受干扰,从而用最短的时间,以不同的渠道、不同的方式实现推进阳光体育活动向纵深及横向的方向发展。

（三）管理制度的完善与补充。建立健全阳光体育工作管理制度是长期开展阳光体育活动的基本保障。通过建立健全阳光体育工作管理制度能够加强行政管理工作,提高师生主人翁意识与自觉性;确保政令畅通,令行禁止;保证阳光体育活动优质高效地运转,确保阳光体育活动发展规划所制订的工作目标顺利完成。

七、要建立和完善阳光体育活动监督机制

（一）建立和完善学校阳光体育活动的督导制度、学生体质的检测制度和阳光体育活动评价制度。

学校要采取坚决有力的措施来保证阳光体育活动的开展,可以从指导思想、评价体系、体制机制、政策方向等方面采取综合性管理措施。首先要建立和完善学校阳光体育活动的督导制度、学生健康监测制度和体育考试评价制度,从而对学校阳光体育活动工作和学生体质健康状况,建立起全方位动态的评价体系。体育活动、督导结论和学生体质健康测试结果要公告,并作为衡量学校阳光体育活动工作的重要指标。要将学生阳光体育活动健康状况作为学生成长记录的重要内容列入学生档案,作为升学重要依据。只有多管齐下,完善多元化的评价和各项考核体系,才能促进阳光体育活动健康开展。

（二）采取有力的措施保证阳光体育工作的地位。

（1）加强组织领导,树立"健康第一"的思想。学校是培养德智体美劳全面发展人才的摇篮,为保证阳光体育活动的顺利开展,学校要加强组织领导,增强开发各类阳光体育活动项目的力度,提高学生的身体素质,提高民族和国家未来的竞争力。

（2）建立完善的制度,确保学校阳光体育活动的开展。为保证阳光体育活动的健康开展,必须建立完善严密的制度,采取一切必要的措施,保证阳光体育活动有序地进行。建立科学规范的学生作息制度,按照"健康第一"的指导思想,遵循学生生长发育规律,认真合理地安排学生的学习、生活、体育、娱乐、

课外活动,保证学生每天参加一小时体育锻炼,使学生始终有充沛的精力投入学习和体育锻炼中去。积极推进体育教学改革,不断提高教学质量,使学生掌握科学锻炼的基础知识和基本技能,养成良好的体育锻炼习惯。

(3)增添体育设施,提高师资水平。前期资金投入、设施建设、师资配备、课程指导等是开展阳光体育活动的前提和保障条件。学校需要购置开展阳光体育活动所需的各类体育器械,需要充分利用场地器材,提高使用效率。确保校园阳光体育活动的有序开展。学校要拿出部分经费,用于师资培训,提高体育教师的业务能力和教学水平。

(4)树立安全意识,制订阳光体育活动锻炼的措施。制订阳光体育活动锻炼的安全措施,严密组织、严格要求,做到课前认真检查场地和体育器材,上课时要切实掌握每个学生身体的具体情况,牢固树立"安全第一"意识。

(5)成立阳光体育活动社团,促进体育特色活动的开展。在学校的统筹安排和领导下,成立阳光体育活动社团,具体负责组织、实施该项活动的开展,做到有计划、有安排、有层次。加大阳光体育活动的宣传教育力度,让教师们认识到阳光体育活动是关系到下一代人身心健康的大问题,明确阳光体育活动与身体健康的密切关系,将阳光体育活动变成学生最喜欢的活动。

(6)建立健全评价体系,开展有特色的阳光体育活动。建立科学规范的评价体系,包括过程性评价和综合性评价。为了让阳光体育活动持久、健康地开展下去,学校可以根据拟定的体质技能评价细则,对学生个体参加阳光体育活动(结合过程性评价)进行定期评比和记录。建立激励机制,增强学生积极参与的意识,提高体育技能。根据学校的实际情况,因地制宜,开展丰富多彩、形式多样的课外阳光体育活动,如球类、田径、体操等,不断探索既有趣味又有特色的群体活动形式,掀起校园阳光体育活动的热潮,形成生机勃勃的校园体育文化氛围。

八、阳光体育活动要取得社区、家长的支持

学校阳光体育活动的健康发展要取得上级部门政策上的支持。国家层面可以颁发鼓励学校阳光体育活动开展的相关条例和文件。地方各级行政部门

可以将管辖范围内的阳光体育工作开展情况列入年度工作计划和考核。各级体育行政部门要把加强学校阳光体育工作作为体育活动开展的重点工作,积极促进教育与体育的有机结合,充分利用现有的体育资源支持学校阳光体育工作的开展,新增的体育资源在规划时尽量考虑惠及广大的学生群体。学校具体可以从资金投入、设施建设、师资配备、课程指导、督导检查等方面加大学校体育工作力度。社会各界都要为学校阳光体育活动的开展提供帮助,对社会上不利于阳光体育活动开展的行为进行规范管理。

(一)探索建立校园阳光体育活动机制。阳光体育活动的开展,是国家针对青少年健康状况持续下降所实施的重要措施。国家把深化改革国内的体育教学纳入教育改革计划,作为一项制度,要求学生及体育工作者认真对待,这样的重视程度是前所未有的。学校领导要坚持全体参与,建立相关的体育领导小组,加强学校领导对阳光体育活动的支持。大力推行大课间体育活动方式。由校领导、班主任带领本班学生参加体育锻炼,任课教师也要参与其中,发挥教师带头示范作用。各级教育行政部门还要充分调动基层学校的积极性,提供政策保证来促进阳光体育活动的广泛开展。相关部门和基层学校要探索并建立适合本地、本校开展阳光体育活动的长效机制。

(二)学校与社会资源互通、共享。学校的体育场馆在节假日和周末要向学生和社会开放,充分做到体育资源共享,这对促进青少年阳光体育活动和推进全民健身阳光体育活动有积极的作用。学校体育工作要继续深入开展,把青少年阳光体育活动作为学校教育的一项常规工作常抓不懈。让学生走出教室,走到阳光下,呼吸清新的空气,踊跃参加丰富多彩的阳光体育活动,在运动中领略体育的魅力、感受体育的美丽、体会运动的快乐。

(三)社区为阳光体育活动提供大舞台。社区要进一步完善各类体育设施,鼓励青少年来社区参加体育活动,组织开展有益的家庭团体体育活动。社区作为学校阳光体育活动开展的载体之一,也是场地和活动的延伸,为学生的学习、锻炼开辟了更广阔的空间,搭建了更大的阳光体育活动舞台,对阳光体育活动的深入开展发挥着很大的作用。

(四)加强阳光体育活动宣传引领。新闻媒体要宣传青少年阳光体育活动的益处和健康的现代生活方式,要普及青少年阳光体育健康知识,为学校阳光体育活动营造良好的舆论氛围。要用生动形象的案例和通俗易懂的道理教育家长,帮助家长树立正确的教育观、育子观、成才观、健康观,让更多的父母都能和孩子一起加入到体育锻炼中来,使家庭教育方式和生活方式具有时代的朝气。

第三节　实施原则

阳光体育活动是一项覆盖全国的学校体育活动,目的是为了让学生体质健康得到加强,养成终身体育锻炼的习惯。学生是阳光体育活动的实施对象,但其外延不仅仅是校园里的体育锻炼,还需要学校、家庭、社会三方相互配合实施。阳光体育活动的开展能够有效地拓宽学校体育教学的空间。开展阳光体育活动应遵循的实施原则有以下几点。

一、遵循教育性、科学性、趣味性原则

阳光体育活动应坚持育人的宗旨,遵循教育发展和体育活动规律,符合学生身心发展特点,寓学于乐、寓练于乐,避免成人化。例如,通过开展中小学生足球比赛、轮滑比赛等竞技性、趣味性强的体育活动,促进学生德智体美劳全面发展,提高学生综合素质。切实加强中小学课外阳光体育活动,创新育人理念。

二、遵循全面性原则

阳光体育活动的内容与形式要丰富多彩,能够满足不同特点、不同兴趣、不同层次学生的发展需要,促进中小学生的身体素质、心理素质全面提高,并在普及与提高的基础上形成良性发展的局面。

三、遵循自主自愿与积极引导相结合原则

教师要因势利导、因材施教,充分尊重学生的自主选择权和自主活动权,

为学生营造一个自主讨论、组织、操作、交流和评比的良好环境和氛围。

四、遵循与体育课教学相结合原则

坚持依法治教,规范办学行为,严格执行国家有关体育课时规定,开足、开齐并上好体育课,不得以任何理由挤占体育课。深化教学改革,不断提高教学质量,引导鼓励全体学生积极参加阳光体育活动。

五、遵循与课外体育活动相结合的原则

配合体育课教学,保证学生每个学习日有一个小时的体育锻炼时间。将学生课外体育活动纳入教学计划,形成制度。大力推行大课间体育活动形式,积极创建快乐体育活动园地,加强学生课余体育锻炼。通过广泛开展各种体育竞赛、主题明确的集体项目、有地方特色和民族特色的体育活动等,不断丰富学生课外体育活动内容。

六、遵循安全第一的原则

在进行阳光体育活动时要加强安全教育,制订切实有效的安全措施、应急措施和防范措施,避免和防止意外事故的发生。在防止运动伤害、保护学生安全方面,要采取必要的措施。比如,建立校园意外伤害事件应急管理机制,建立和完善学生意外伤害保险制度;积极推行由政府购买意外伤害校方责任险的制度。更重要的是,学校和教师要牢固树立安全意识,要时时谨记"安全重于泰山";对体育器材定期进行检查;对学生安全教育也要常抓不懈,消除安全隐患。

第三章　阳光体育活动教学优化

　　本章共三节，重点从阳光体育教师课堂定位、阳光体育常态课堂提升、阳光体育课程资源拓展三个方面阐述如何优化阳光体育教学活动。随着阳光体育活动的普遍开展和基础课程改革推进，"我运动、我健康、我快乐"的理念已深入师生的心中。而体育教学肩负着培养运动兴趣、传授体育技能和强健身心的重任，随着阳光体育活动的进一步推进，学校体育课改革迫在眉睫。在阳光体育教学活动中，体育教师应该以"健康第一"为出发点，着眼于普遍提高学生的体质水平，促进学生身心的协调发展，增强适应社会的能力。在阳光体育课堂中，强调动则有"理"、有"方"、有"趣"，根据学生身心个性差异、运动能力的差异，有的放矢，因材施教，引领每个学生都能体会到进步的喜悦、成功的快乐，体现体育所特有的价值和不可替代性，从而最终实现阳光体育带给孩子们的快乐和身心和谐发展。

第一节　教师课堂定位

　　新时期，阳光体育活动的主要实践者——体育教师，必须更新理念，认识和理解阳光体育。阳光体育能充分发挥学生的潜能，注重学生的个性，强调全面参与，并使学生从中体验快乐。因此，体育教师必须把学生作为阳光体育课堂的主体，充分调动教和学的积极性，使每个学生在师生共同合作的氛围和自由发展的空间中，生动活泼地开展阳光体育教学活动，主动学习，愉快锻炼，并让学生在学习过程中充分体验运动的乐趣，体验克服困难后成功的快乐。

一、体育教师是阳光体育活动的引领者

体育教师在教学目标与学习方法的制订中要以学生为主体，因人而异，要结合学生的现有实际水平，让每个学生"跳一跳都能摘到桃子"，让每个学生都能充分享受到运动带来的乐趣，从而激发体育学习的动机，并在学习过程中不断提高自己的运动能力。阳光体育以育人为本，面向全体。教师在课堂教学过程中，应该把育体和育心结合起来，教师运用的教学方法、制订的教学目标都要以此为轴心，通过阳光体育课堂教学，培养学生吃苦耐劳、积极进取的精神；锤炼顽强拼搏、不甘落后的意志；形成关爱集体、团结协作的理念；从而克服学习上怕苦怕累、意志品质不够坚强的缺点，促使学生健康、阳光、积极、向上发展。

二、体育教师是阳光体育活动的实践者

体育教师是阳光体育的具体实践者。在阳光体育课堂，教师应充分发挥学生的学习积极性，从满足学生的主体需要出发，以愉快教学为宗旨，让学生在快乐中学习，在快乐中锻炼，进而自觉掌握体育的技能和技巧。教师还应不断变换教学方法，使教学活动具有新颖性、趣味性，以满足学生求新求奇的心理，使学生在参与阳光体育活动的过程中体验到欢乐，产生浓厚兴趣，进而热爱体育、热爱锻炼。教师还要以丰富的情感、专注的精神、优美的动作、生动的语言、娴熟的技巧、和蔼可亲的教学态度，使学生爱学、勤学、乐学。

三、体育教师是阳光体育活动的创设者

在阳光体育课堂教学实践中，教师应根据教材内容和学生的特点，创设生动有趣的室内外教学情境，使学生在有趣的活动中既锻炼身体，又完成学习任务。教师根据实际情况运用语言描述创设情境，或运用图画显示创设情境，也可以运用动作模仿创设情境，还可以运用歌谣口诀创设情境，充分调动学生的学习积极性，使他们的行为与教师的导向发生"碰撞"，产生火花，使整节课充满欢快的节奏，洋溢快乐的气氛。人的情感总是在一定情境中产生的。因此，

体育教师在阳光体育课堂中,要通过创设情景或把活动内容用情节串联起来,将师生的情感融于认知活动中,练习形式要多种多样,做到"形散而神不散",使学生在一个个愉悦、生动、形象的环境中学习,引起他们强烈的求知欲望,积极主动地参与学习,使学生的练习置身于学习情境之中,让学生能在一个完全放松、兴致高涨的状态下挑战自我、超越自我,培养学生持之以恒的意志品质。

四、体育教师是阳光体育的守护者

体育教师必须十分注重学生的安全,细心呵护学生参与阳光体育的积极性,严爱相济。没有规矩不成方圆,所以课堂上教师该严肃时要严肃,使学生有规可循。同时,教师要耐心培养学生的体育兴趣,循循善诱,做阳光体育的守护者。在阳光体育课堂教学中,教师的教,学生的学,教学相长,是改变不了的,但怎样把握好教与学就是关键,用传统的命令式教学是不适应学生的,因为内因是变化的根据。只有将教师要求学生学变为学生自己主动学,这样学生的心情好、积极性高,学习效果才会更好,在整个练习过程中,教师扮演好导演角色。阳光体育课堂承认学生之间的个体差异性,尊重学生的个性,强调学生是学习主体,调动学生的自主性和积极性,培养他们的能力和发展他们的个性。让每个学生在快乐中积极锻炼,应该是每一位体育教师坚持不懈的追求。在体育课中,体育教师要选择适合个性发展需要的教学内容。在实施教学的过程中,体育教师要维护学生的自尊心,避免由于自身的不良言行,有意或者无意地伤害学生,导致学生产生心理和学习障碍;要尊重学生的人格,尤其要尊重体育弱生。课堂中每个学生的表现都可能不同,教师不能"以胜败论英雄",而要关注学生,尤其是体育后进生的点滴进步。对于学生练习中出现的错误动作,不要当面指责,应多做全面分析,及时找出原因,纠正错误动作。同时以正面、积极的鼓励性语言激励学生,提高学生的学习信心和学习兴趣,让学生在快乐的氛围下身心协调发展。要建立良好的师生关系,使阳光体育教学活动在学生自觉、主动的氛围中进行,让学生喜欢学、乐于学,明确学习的目的和意义,自觉主动地发展体能、增强体力和智力,培养优异的道德品质。

　　体育教师是阳光体育的倡导者、探索者、实践者、创设者、守护者。新时期,体育教师应当转变理念,为学生充分营造阳光体育学习的氛围,改变单纯传授技能发展体力的身体教育观念,让学生在活动中感受到阳光体育带来的快乐,培养孩子阳光、坚韧、积极向上的品质。

第二节　常态课堂提升

　　阳光体育运动是一项旨在吸引广大青少年学生走向操场、走进大自然、走到阳光下,积极主动参与体育锻炼,培养运动兴趣和习惯,有效提高学习效率和健康水平的活动。它包括体育课、大课间体育活动、课外体育活动、各项校内体育竞赛、课余体育训练、家庭、社区、假期体育活动等内容。体育常态课教学是阳光体育实践和体育新课改的热点话题之一。实践中,我们常会看到公开课热热闹闹,而常态课冷热却参差不一。如果把公开课比作示范园,常态课就是自留地。我们看几个数据:以区域体育教师为例,一位教师按每周最少15课时计算,一课时40分钟,一学期20周,那么该教师体育课堂教学时间为12000分钟。如果该教师为市、区级骨干教师,学科带头人等,一学期参与评优课、公开课、研究课一般不会超过3课时,再加上接受本校教学部门的推荐课3课时,总计240分钟。这240分钟从教学时间上看,只占一学期总课时的2%,另外98%的课堂教学是在教师独立操作的封闭的、常态的教学情况下进行的。因此,阳光体育常态课堂教学环境的优劣直接影响到课堂效果和学生学习质量。

　　近年来,省、市教研专家一直在倡导体育常态课教学的有效性,力争使每一位教师能认真上好每一节课,学生能出汗,能掌握基本的运动技能。教学中,我们发现有的学生虽然喜欢体育课却老爱"调皮捣蛋",有的学生基本技能总是掌握不好,其实,这些现象与教师的组织和教学能力关系密切;学生在课堂上能否积极主动地参与学习,学得怎样,都取决于教师对课堂的组织与调控。随着体育新一轮课改的深入,"为讨论而讨论""为情景而情景""为合作而合作"等华而不实的教学现象已有所改变,但细细反思,体育新课程理念与教学行为之间总有那么一段距离,问题种种,归结在一起都涉及常态课堂教学环境的有效性。

心理学上,人们把群体中出现频率高的心理现象称为常态。在教学中,"常态"主要是指"自然状态",让体育课堂教学走向"常态",就是要还体育课堂教学以"自然本色",以求通过教师的努力,让体育课堂少一些花哨和造作,多一些实在和生动。这样的课堂,学生更注重学练结合,展现个性,提高运动技能和身体素质水平。教师必将成为学生学习活动的参与者、指导者与合作者。

一、立足阳光体育常态课堂常规

现在的体育课堂教学发生了很多变化,特别是体育课的开始与结束部分。笔者发现:过去上课前的一些"规定动作"即"课堂常规",如今不见了。如有的体育常态课上课也不集合整队了,有的教师也不点名清点人数了,有的教师不向学生宣布课堂任务,和学生站在一起随便说几句就开始上课。课堂常规是营造阳光体育课堂的前提。其实课堂常规的本质,就在"常"和"规"两字上,所谓"常"就是经常做,"规"就是有一个比较固定的模式。实践中,实施教学常规的内容效果有好有差,不同的教师实施效果不尽相同,有的很受学生喜欢,能形成一个很好的教学氛围。有的不受学生喜欢,甚至引起学生反感。原因主要有两点:一是能否坚持课堂常规;二是课堂常规的内容能否有变化和新鲜感。

【案例呈现】同样是宣布上课的任务内容,有的教师用启发和激励的语言简要告知教学任务与教材内容,并讲明学习内容的意义,使学生心知肚明。而有的教师以说教方式声嘶力竭地喊叫,却没有交代清楚教学内容与学习目的;学生不清楚要学什么,为什么学,要完成什么学习任务。

有一次冬季体育课前,笔者让先来的学生围着操场慢跑,后来的学生逐步加入到慢跑的行列中。当操场汇成慢跑的"洪流"时,笔者顿时叫"停",把学生叫到自己身旁说:"下面听老师喊出一个方位的目标后,我们一起朝目标前进,看哪一组最先有序到达好不好?"孩子们齐声说:"好。"话音刚落,笔者突然喊:"篮球场!"当学生们到达篮球场后,笔者判定了前三名有序到达的小组。紧接着,笔者又马上喊"领操台""足球门""攀爬区"等,孩子们完成上述目标后,个个都已满脸通红、面带笑容。随后,笔者才报告教学内容"立定跳远"的教学要求,并做补充性的准备活动。而且,课前动员、检查着装等课堂常规也在不知不觉中完成了。

笔者在教学中还尝试推行体育委员轮流制,以便让更多的学生得到锻炼机会。一、二年级体育委员进行课前整队、体育谜语竞猜;中高段年级体育委员除了负责课前整队之外,还要进行课前三分钟体育项目、锻炼方法小知识介绍。这就使每一位学生既得到了组织能力锻炼,又学会了互相尊重。

【案例剖析】其实,实施课堂常规还是有一定技巧的,阳光体育课堂常规内容是可以创新的,形式也是多种多样的,应该说只要能达到课堂教学的目的,各种形式都可以采用。随着新课改的深入,课堂教学过程的创新,发现式、探究式的教学常规,组建学习小组、尝试性活动、比赛的常规,这些新的特定的体育课堂常规也会随之增加,但我们体育课的基本课型不会偏离以传授运动技术为主。因此,传统的体育课堂教学常规,依然是主要的和最基本的课堂教学常规内容。它能保证课堂教学有序、流畅、安全进行,是提高体育常态课课堂教学质量的前提。通过实践,笔者归纳了体育课堂教学常规的频数和形式(见表 3-2-1)。

表 3-2-1　阳光体育课堂教学常规的频数和形式建议

体育课堂常规	适当频数的建议
师生问好	基本上每次课都要进行,可以适当改变形式
宣布内容	基本上每次课都要进行,根据教学内容可以有简有详
报数	基本上每次课都要进行,可以适当改变形式
安排见习生	每次课都要进行
检查服装	新班上课和特殊教材教学,必须认真仔细检查,平时提醒注意
安全教育	每次课都要进行,但针对性要强,要求要具体,内容根据需要而定
激发情绪	根据学生情况进行,不必每次课都有,过于兴奋时需要调节情绪
准备活动	每次课都要进行,但内容和形式要有针对性和多样化
放松活动	

二、明晰阳光体育常态课堂教学目标

体育新课改以来,很多一线教师对教学目标制订比较茫然,笔者认为常态课堂教学中目标的制订总体上要从四个方面考虑:符合课标要求,符合年龄特征(目标定 2～3 条);明确知识技能,关注提高能力;顾及生活经验,拓展学习视野;表达简明扼要,利于课堂检测。

【案例呈现】以下是一位四年级体育教师制订的上步投掷垒球教学目标。

①通过竞赛、游戏等多种形式,让学生对投掷和运送接力产生兴趣和思考,并积极地投入教学活动中。

②让学生巩固投掷动作,初步掌握投掷要领;加强快速奔跑能力训练;发展上下肢力量及身体的协调灵敏素质;培养模仿、想象和创造能力。

③能充分展现自我,体验与教师、同学合作互动学习的乐趣,享受体育活动带来的乐趣;培养学生间、师生间团结和谐的人际关系。

以上教学目标中,有不少行为条件界定不明、行为效果不可测的表述,如:究竟是要巩固学生什么投掷动作、达到怎样的效果等等,不符合新课标关于"学习目标必须是具体的、可观察"的原则。

【案例剖析】在实践中,笔者总结出常态课堂教学目标的三个明晰。

第一,明晰制订目标类型。制订体育常态课教学目标的方式有两种:一是在学生的学习领域里选定常态课教学目标。体育课共分成五个领域(运动参与、运动技能、身体健康、心理健康、社会适应),根据学生的实际情况和水平,在五个领域中选择其中三个领域,因为领域选择越多,课程目标越是难以实现。选择好领域目标后,再按照水平阶段来制订符合水平条件的目标。二是按学生发展的三维观来制订常态课教学目标。三维观包括:认知观、技能观和情感观。现在基本上是围绕三维观来制订目标的。

第二,明晰制订目标对象。学生是课堂的主人,新课改更强调这点。教师在制订教学目标时,一切都要以学生为主,而不能以自己的需求来制订教学目标。

第三,明晰制订目标内容。教学目标是课时计划的中心,制订常态体育课的教学目标时,选择的内容范围不要太广,因为范围太广,学生学习的负担加重,反而不容易接受,教师也不容易把握教材。因此,在目标制订的过程中,不光要写清楚教的内容,还要把关键的教学重点也写清楚。例如:立定跳远的教学目标,有的教师会这样来制订:让学生学会立定跳远动作。这样的目标很笼统、很粗糙,立定跳远的动作看似简单,其实要做好却并不是那么容易的。立定跳远动作分成起跳、腾空、收腹、落地四个步骤,光一节课是不可能完全掌握的。因此,就要根据所学的课时来制订学习的内容。

三、优化阳光体育常态课堂教学方法

体育常态课教学中,我们常常会发现存在"一说探究学习,就只探究不学习(运动技能)了""一说游戏法就光玩不练了""一说发现法,就只让学生自己去发现了""一说讲授法就一讲到底了"等现象。目前,浙江省教研室对义务教育阶段的体育教学内容、课时数进行了具体规定。体育教学的主要目标是"通过运动技能的学习和掌握,使学生的身体得到锻炼和学会锻炼身体"。因此,传授运动技能应是体育教学中的主要内容,体育常态课堂的目标和质效,都应体现在运动技能的掌握上。因此,基本的体育教学方法应该是运动技能的教学方法。《浙江省中小学常态体育课的基本要求(征求意见稿)》中第四条就指出,要充分发挥教师主导作用,正确体现学生主体地位;以讲授式教学方法为主,其他教学方法为辅。笔者认为,常态课中要优化体育教学方法,使现代体育教学方法对传统体育教学方法有很好的"补充"。

【案例呈现】水平二"前滚翻"教学时,笔者本想通过演示球和木块在地面上哪个易于滚动来说明前滚翻的动作要领。没想到一位学生突然提出:"老师,如果用力将木块向前滚,而球只是轻轻地向前推,那会怎么样呢?"马上有不少学生应声附和。笔者马上意识到这个问题可加以引导,立即表扬道:"这位同学既爱动脑又会思考,我们要向他学习。那么,我们就他提出的这个问题进行讨论,看看大家有什么看法。"结果,在老师的引导下学生们争先恐后地发言。

学生1:如果木块受力而球不受力,当然是木块运动而球不运动。

学生 2:球的重量比木块大,说不定木块易于运动。

学生 3:如果球的体积非常大,而木块的体积非常小,说不定木块也比球滚得远……

师生共同把讨论的情况加以梳理、归纳,总结出这样的结论:在用力与体积大小基本相同的条件下,球比木块易于滚动。因此,在前滚翻时,除低头、含胸、团身似球外,还要推垫、蹬地给身体以适当的推力。其后,根据学生间的差异,为孩子们在小垫子前设置了不同的起立线,引导学生在滚翻过程中注意屈膝抱腿。接着,教师引导学生利用呼啦圈作为辅助器材进行前滚翻闯关练习,增加学习难度,进一步体验前滚翻团身紧、滚动圆动作要领,提高团身动作质量。最后,教师采用"石头、剪子、布"的游戏,增强练习趣味,激励学生尝试往返前滚翻拓展练习,巩固动作,展示自我,提高动作技能练习有效性。

【案例剖析】课堂教学中学生提出的与学习有关的问题,教师不要轻易放过,只要有利于达成课堂教学目标,教师就应当紧紧地抓住课堂中产生的有价值的问题,启发、诱导学生学习。根据这些信息及时调整自己的教学设计,就能"更深地凿一口井,让学生畅饮智慧的甘泉"。使课堂教学充满活力,有利于提高技能学习效果和培养学生的创造性思维。案例中教师的教学引导很好地将讲授式和探究式等教学法结合在一起。其实,任何一种教学方法的运用都不是毫无限制的,再好的教学方法也不能滥用。笔者归纳了在常态课堂中几种现代体育教学方法运用要素(见表 3-2-2)。

表 3-2-2　常态课堂中几种现代体育教学方法运用要素

运用要素	探究式教学法	合作性学习	自主性学习
使用目的	让学生通过探究式学习过程对某些难题进行理解,并通过典型的探究过程帮助学生学会学习	通过建立学生共同拥有的学习课题,建立适合学生交流的学习形态,促进学生互帮互学	通过建立学生"自我学习目标"和有意设置一段"自我练习时间",让学生进行独立性和自主性学习

续表

运用要素	探究式教学法	合作性学习	自主性学习
优点	有利于学生认识学习的过程,有利于提高学生发现问题和解决问题的能力	有利于学生之间的相互交流和同学间的取长补短,有利于培养学生的社会性和集体性	有利于学生习惯于进行有个性的学习,有利于培养学生的独立性和思考能力
缺点	学习效率不高,不可多用;对教材的加工和教师的教学能力有很高的要求	学习效率不太高,要求有很好的学生集体为基础;对教师的教学能力有很高的要求	教学不容易组织,要求学生有很强的自觉性和学习能力;安全方面有一定的隐患
适用对象	具有一定知识基础、有一定发现和归纳问题能力的学生	已经形成一定集体意识和具有交流意识的学生	掌握了一定基础技能、明确了学习目标、有学习自觉性的学生
适用教材	有典型意义、学习深度(通常是有一连串问题)的教材	集体性项目,或需要集体进行学习的有深度个人性项目教材	不需要进行有难度的学习,以练习为主的、比较安全的教材
使用频率	每学期1~2次课	在每单元的学习阶段后安排2~3次课	在每个单元的学习阶段后安排2~3次课

四、适宜阳光体育常态课堂运动负荷

现在部分常态体育课以游戏为主,加上队伍组织调动和师生交流对话,运动量严重不足,学生连汗都不出。体育课要有运动负荷,要有练习密度是毋庸置疑的。因为没有运动负荷就不可能教会学生运动技术,也不可能在体育教学中发展学生的身体素质和基本活动能力,会使体育学科丧失本质属性。体育课的本质是"进行运动技术学习和进行相应的身体素质锻炼的过程",体育课必须有一定的运动负荷和练习密度。合理地安排和调节体育课运动负荷是对体育教师的一项基本要求,也是评价体育教学和体育活动锻炼效果的一项重要指标。

【案例呈现】笔者在四年级《上步投掷轻物》一课教学时,考虑到上步投掷是原地到助跑的过渡阶段,是学习助跑投掷的基础,四年级阶段学生对多种原地投掷方法已熟练掌握,但对上步投掷则是刚刚接触。这节课中,笔者让学生初步体验上一步对投掷的作用,以上步投掷短纸棒作为手段,将上一步投掷的动作连贯协调作为重点,为今后的助跑投掷垒球教学打下基础。因为是掷轻物,就教学内容而言运动量不大,为寻求达到合理负荷的方法和手段,采用了男女生分组轮换的方法,减少了无效等待,增加了学生的练习密度,进而达到了预期的运动负荷。同时,在主教材之外还搭配了往返跑的练习,及时通过脉搏测定、询问、观察等手段了解学生所承受的运动负荷,并适时调控投掷轻物、往返跑的次数,使学生达到适宜的运动负荷。又如,在三年级立定跳远教学中,笔者设计了四个层次的练习,即基础练习、拼搏练习、提高练习、拔尖练习。练习时,引导学生根据自身实际与分层情况,选择相应层次的练习,并针对学生的蹬摆不协调的情况及时进行指导。根据灵活性原则,学生通过低一层的练习进入高一层的练习。练习手段的层次化,可以整体调控学生运动负荷,往往相同的练习对不同的学生也会产生不同影响。

【案例剖析】教师安排体育教学内容的难易程度是否合理、教学方法是否恰当、组织措施是否得当、讲解示范是否正确规范、学生的个体差异是否被考虑等都会较大程度地影响教学效果。笔者认为在确保学生活动安全的情况下,应根据人体生理机能、活动能力变化规律以及适应性规律,制订适宜的运动负荷,循序渐进,逐渐加大运动量。在教学中,教师只有重视对体育课练习密度和运动负荷的设计,并根据体育课的实际情况对运动负荷进行把握和调整,才能保证体育课顺畅进行和学生身体安全。同时,体育课的运动负荷和练习密度根据课型的不同也应有差别。通过实践,笔者将不同体育常态课对练习密度和运动负荷的不同要求总结成表 3-2-3。

表 3-2-3　不同体育常态课对练习密度和运动负荷的不同要求

课型	对练习密度和运动负荷的要求
技术新授课	根据技术学习需要考虑练习密度和负荷,一般为中等负荷
技术复习、练习课	根据技术学习需要考虑练习密度和负荷,一般为中等以上负荷
身体活动性(素质练习)课	根据锻炼需要考虑练习密度和负荷,一般为较大负荷
探究式学习、发现式学习	根据探究学习需要考虑练习密度和负荷,一般为中小负荷

课型	对练习密度和运动负荷的要求
合作性学习、自主性学习	根据学习目的和内容考虑练习密度和负荷，负荷变数较大
展示、总结性课	根据展示方式和人数考虑练习密度和负荷，负荷变数较大
测验、考试课	测验考试的特殊要求决定练习密度和负荷，负荷变数比较大

五、多元阳光体育常态课堂评价

笔者发现，我们的体育教师对学生的不良行为或缺点，越来越不敢批评或者是不管不问了，不管学生学得如何，都说"真聪明""真了不起"等等。这是不正常的现象。表扬和批评都是常态课堂即时语言评价的重要手段，两者缺一不可。表扬是鼓励学生"应当这样做"，批评是告诫学生"不能那样做"。常态课堂中，应恰当运用语言评价。

【案例呈现】水平二"双手从头后上方掷实心球"一课教学时，笔者组织学生进行面对面投掷实心球练习前做了明确的规定：注意投掷安全，听教师统一的信号投掷和捡球。可是，第一次练习的信号刚响起，有一个学生未等对面同学掷的球全落地就冲去捡球。实心球擦着他的头就落下来，该学生吓呆了。笔者急忙跑到他的身边，没有直接批评他，而是关心地问道："伤到没有？"然后问全班的学生："为什么在进行投掷练习时一定要听统一的信号？我们到底应该何时去捡球？"通过大家的回答，重新提醒学生应如何注意体育课安全，同时也再次提醒其他的同学上课要集中思想。笔者最后对该学生说："你的练习积极性很高，但不要忘了安全，你今天的运气很好，不然后果不堪想象，要牢记安全！"学生用感激的眼神望着笔者说："老师，我知道了。"在之后的练习中，大家都秩序井然地进行练习。

【案例剖析】每个学生在身体素质、认知水平上都存在个体的差异。教师在纠正学生练习中出现的错误时，首先应注意去体验学生的感受，以保护学生的自尊心。一句善意的批评，不但起到了批评的作用，而且很好地保护了学生的自尊心，更能够激发学生体育学习的积极性。即时评价的真诚赞美、善意批评，能够体现出教师对学生的爱，它是一种发自内心的爱，对学生良好体育学习习惯养成有着重要意义。不恰当的课堂评价和原因分析如表 3-2-4 所示。

表 3-2-4 不恰当的课堂评价和原因分析

不恰当的课堂评价	原由分析
"我从没见过像你这么聪明的"	夸大其词
"你将来一定比姚明还要棒"	脱离实际
"他的动作美得像天鹅"	比喻不当
"大家说他做得是不是很好呀?"	强加于人
"哎呀呀,你回答得真是太好了!"	言过其实
你总是这样!	把偶然说成是一贯
你就是这么个人!	把行为扩展到人格
看你笨得像头猪似的!	侮辱学生人格
我看你是改变不了的!	用不变的眼光看人
你让大家看看你这动作有多难看!	不恰当地利用集体

　　同时,笔者在常态课的教学中还尝试了星级评价机制,即在每堂课及时对学生在小组竞赛、技能学习、团队合作中的进步表现给予肯定并加上一至二颗星,反之则进行扣除,每月进行累计表扬,是学期末学业评价中平时表现的重要依据。学生的学习积极性和体育学习行为得到了明显的提升。在做好常态课的评价同时,学期末还对学生体育学习进行总结性评价。评价表中,包含了学生一学期来的身体基本情况,除了严格完成教学计划和区规定的项目测试内容外,还有个性项目测试,并且结合了国家体质测试标准的项目、体育理论知识测试,对学生一学期来参加班级、区市体育竞赛情况进行评价。通过长期的坚持和教师的多元评价有效激发了学生体育学习的兴趣,孩子们对自己的体育学习过程和行为更在意了,体育技能学习的成效明显提升。

　　实践证明,只有真实、扎实的课堂教学,才会散发出陈年老酒的醇香;只有自由、灵动的课堂教学,才会散发出智慧的光芒;只有用心锤炼自己的教学语言,反思自己的教学行为,才能使每一节阳光体育常态课充满阳光,才能有效引导学生学练结合,展现自我,提高运动技能和身心发展水平,从而实现阳光体育课堂教学实效的提升。

第三节　课程资源拓展

体育与健康课程是一门以身体练习为主要手段、以增进中小学生健康为主要目的的必修课，是学校课程体系的重要组成部分，是实施素质教育和培养德智体美劳全面发展人才不可缺少的重要途径。新一轮体育课程改革围绕重新构建教材体系、转变教学理念与策略、建立发展性课程评价体系的总体目标，把"提高学生的健康水平，促进学生全面和谐的发展"摆在了中心位置。随着我国体育课程改革的力度不断加大，体育课程资源的重要性日益显现出来。没有体育课程资源的大力支持，再美好的体育课程改革目标、阳光体育活动实践也很难变成中小学体育的实际教育成果。因此，如何引导体育教师更好地因地制宜、因人而异开发和利用阳光体育课程资源已显得尤为重要。

阳光体育活动是我国在新时期加强青少年体育、增强青少年体质的战略举措。这一活动的目的是通过阳光体育的抓手作用，促进各级各类学校形成浓郁的校园体育锻炼氛围和全员参与的群众性体育锻炼风气，吸引广大青少年学生走向操场、走进大自然、走到阳光下，积极主动参与体育锻炼，培养体育锻炼的兴趣和习惯，真正有效地提高学生体质健康水平。而阳光体育教学资源的拓展是在体育课程设计、实施和评价等整个课程资源拓展过程中可以利用的物质和非物质资源的总和，具有多样性、间接性、具体性的特点。在教学中通过整合体育教学资源，达到增强学生体质、提高运动技能、丰富课余生活的一种教学活动。它将进一步帮助学生学会生活、学会交往合作、学会竞争、学会创新。本节重点讲述如何通过专家指导、文件检索、问卷调查等方式，积极探索，比较不同区域课程资源开发和利用的异同、原则、途径和方法手段。在实践中，采用简化、改造、创新、整合的策略，开发课程内容资源、人力资源、体育设施、课外和校外体育资源、自然地理资源、体育信息资源等 11 大类 41 个小项的阳光体育课程资源。通过在区域校园创造性地开发和利用各种体育课程资源，建构更为综合、开放的阳光体育课程体系，进一步丰富阳光体育课程资源开发和利用的途径、方法,不断提高学生的体育意识、运动基本技能,促进学生身心全面和谐地发展。

一、阳光体育教学资源特点

多种多样的资源为学校和教师因地制宜地开发和利用阳光体育课程资源提供了广阔的空间,只有充分了解阳光体育课程资源的特点才能有效地开发和利用。

(一)丰富性

体育新课改拓展和整合了课程资源,它不仅仅体现在教材,也不仅仅局限于学校内。可以说,它涉及学生学习与生活环境中所有有利于课程实施、有利于达到课程标准和实践教育目的的教育资源,它的丰富性体现在学校内外的方方面面。

(二)选择性

有相当一部分体育课程资源在课程设计之前就已经存在,它具有转化为学校课程实施的可能性。当然这种可能性要变为现实,需要进行选择、改造和组织,以便与学生心理发展逻辑和课程目标保持统一。

(三)差异性

不同的地域,可以开发与利用的阳光体育课程资源不同,相应的体育课程资源也各具特色。区域内学校规模、位置、办学水平以及体育教师素质不同,可以开发与利用的体育课程资源自然有差异;学生个体的家庭背景、智力水平、身体素质不同,阳光体育课程资源的利用必然也是千差万别的。

二、整合策略

(一)简化与改造传统教学内容资源

在继承的基础上,从整体健康角度出发,通过简化和改造,创新教学内容,使之适应学生生理、心理特点,让新的教学内容、要求、方法,更好地发挥效能。

1. 对教学内容的简化和改造

体育学科的特性之一是学科内部体系并不是一个清晰的有规律可循的体

系,而是由众多的运动项目和身体训练所组成的复杂系统。因此,体育教学内容的选编既有很宽广的可能性,也面临着教学内容契合度选取困难的问题。同时,对于新课标的理解需要体育教师有良好的教学素养,用"干练、机灵、活泼、精细、周到、聪明、敏锐、负责"等多组字眼来形容体育教师,这种素质和能力分别体现在"选择教材、设计课程、组织教学、创新教法、调动学生、优化场地、运用语言和安全保障"上。相反,当体育教师缺乏了上述这些素质后,体育教学就会明显地出现"累赘、呆滞、死板、粗糙、凌乱"的状况,以致出现了"想上什么就上什么"的完全自由的体育课堂教学状态。

将现有竞技运动教材内容扩展、延伸,使学练内容生活化。如起跑从站立式、蹲踞式向侧向、坐姿、卧姿、背向等现实生活中出现的自然状态下的启动姿势扩展和延伸;途中跑由直线跑、曲线跑、往返跑等向侧身跑、拎物跑、扛物跑、帮助跑、台阶跑、转身跑、追逐跑等扩展和延伸;投掷器材的变化,如垒球、沙袋等传统投掷物向多种代用投掷物方向发展,如纸球、纸棒、纸飞机、羽毛球、乒乓球、饮料瓶等;投掷动作方法的变化从单一化向多种投掷方法的扩展和延伸,如面对投掷方向的前抛、上抛、坐着投、跪着投、趴在地上投,还有侧对投掷方向的侧投、打水漂等。

2. 对教学要求的简化和改造

将竞技化、成人化项目的要求、规则进行简化,降低难度要求,使之适合学生特点,富有趣味,如前滚翻的变化有开始与结束动作的变化、原地方位的变化、时间的变化、空间的变化、动作组合的变化、人数的变化等。

【案例呈现】教师在进行篮球教学时,允许学生两次运球和三步以内的走步动作,同时根据学生实际水平,规定篮球基础水平较差的同学投进一球得3分、基础水平一般的同学投进一球得2分、基础水平好的同学投进一球得1分,学生学习篮球的兴趣高涨,收到较好的教学效果。

3. 对教学方法的简化和改造

尝试从系统化教学向兴趣性教学转变,关注学生学习兴趣的培养。

【案例呈现】教师在实践中,简化和改造传统竞技体育项目,如在跑的教学中,从合作跑开始通过游戏进入教学;技巧运动教学中,从造型开始,加强合作意识的培养;投掷运动中,从"打目标"和"冲过封锁线"开始;技巧滚翻教学中,从滚动和学会自我保护方法开始。尝试从集体教学向差异教学转变,关注学生的个体差异,给学生预留了一定的自我学习和自我展示的空间和时间。投掷、跳跃等教学中给予学生一定的学习空间和选择不同的学习目标,使学生在各自的最近发展区不断提高。球类教学则从体验开始;武术教学从生活实际引入,尝试从分解式教学向完整式教学转变,强调运动参与价值和运动情趣,在活动中关注促进学生身心健康,重视教学过程的体验,淡化终结性评价的选拔功能。通过课题实践大大提高学生的学习兴趣和运动能力。

(二)创新开发阳光体育教学资源

1. 人力资源开发的创新

体育人力资源是重要的资源之一,创新开发和利用校领导、班主任、体育教师、卫生教师、课任教师、学生的自身优势以及家长、教练、社会体育爱好者的各自特长,创设平台,引导校外人员参与学校体育活动,对有效开发和利用课程资源有着重要的意义。

【案例呈现】课题实验学校之一的杭州市××小学在实践中以家长体育骨干、业余体校教练员、社区体育指导员为主体组织"家庭运动会""趣味运动比赛""休闲体育活动"等活动,建立"家庭体育活动站";同时还在活动中设置有趣的内容,如抖空竹、放风筝、健身操、乒乓球比赛等。通过这些活动,家庭和学校、社会和学校等各种人力资源得到整合,共同推进阳光体育活动的开展,培养了学生的体育锻炼习惯并增进了情感交流。

2. 体育设施开发的创新

开发校内外体育设施(球场、空地、教室、公园、健身乐园、卧室、走道等),利用体育器材特点,发挥多功能作用,为学校体育教学注入活力。在对小场地利用情况进行调查的基础上积极开展富有个性的体育设施开发和利用。

(1)常规设施的创新改造。实践中,将升降式篮球架适当降低高度、缩小各种球场规格等措施,受到学生的欢迎。因为小场地符合学生身体发展特征,是以学生为本思想的体现。如:将羽毛球场地改造成硬地掷球的场地;创设小篮球场地,同时开展轮滑运动;将学校围墙进行改造,开展攀爬运动;利用教室的课桌和板凳进行支撑练习;利用楼梯台阶进行跑、跳、体前屈练习;利用门框进行引体向上练习;利用草坪替代地毯或海绵垫进行前滚翻练习;利用花台作为体操的平衡练习场地。

（2）常用器材的创新利用。教师可以打破竞技化的器材规格限制,一切从学生的实际和兴趣出发,重新对学校器材进行创新利用,以满足学生体育活动的需求。对篮球、排球、足球、乒乓球、垒球、实心球、体操垫、体操棒、跨栏架、短绳、橡皮筋、毽子、小哑铃、小沙包、小旗、塑料圈等进行合理的创编和利用,可以收到事半功倍的教学效果。

【案例呈现】针对学生冬天怕冷,不愿进行体育锻炼的现象,老师在教学中对各种器材进行了创新利用,如踩绳尾、双踩绳尾、抓尾巴、抛绳做动作、抛接、斗智拉绳、打靶、两人三足、拼图、齐心协力舞龙绳（将绳子相连举起来当"龙",用球当龙珠,在龙珠指引下,模仿龙的各种游动形态,做"游龙戏珠"的游戏:如"龙出海"——同步前进,"龙跳舞"——上下起伏、左右游动,"龙夺珠"——随着龙珠转圈,"摇头摆尾"——左右摇摆、龙尾翘起,"龙归巢"——回到集合地)并在活动当中配上音乐。学生练习得不亦乐乎。这样就初步改变了冬季学生怕冷不爱动的局面,既开心又学到了抛、跳、躲、闪、挥臂、抽打等动作技能,达到体育锻炼预期目标。

（3）小器材的创新开发。胶圈、胶棒、纸球、纸棒、纸制器材、饮料瓶、易拉罐、泡沫拼花地板、小木夹、彩带、双色帽、课桌凳、家庭生活用品（小桶、小凳等)都是我们可以利用的体育小器材。根据学生的心理特点,我们发现学生对自己动手制作的体育器材练习的兴趣比事先准备好的要高很多。如用废旧的竹竿和橡皮筋制作的栏架、跳高架;用体操棒和木板制作的旱地雪橇;用废旧足球、棉纱和沙子制作的实心球;用废旧的布、腈纶棉、刺毛带制作成"魔"棒可以做棒操、抓尾巴、掷远、套圈、接力棒等;用饮料罐、茶叶罐自制成简易高跷,进行踩高跷、走独木桥、穿越小树林、跳过障碍等运动;还可以自制毽子、陀螺、铁环;用废旧报纸自制纸球、折叠飞机、流星球等,并在教学中自创一些玩报纸游戏。

　　【案例呈现】创编"凳龙"游戏。"引龙(音乐导入),谈龙、学龙(结合舞龙动作创编小凳操及学龙的动作造形),舞龙(将舞龙的文化背景介绍与课堂练习的走、跑、跳、转、摆相结合),赛龙(分层个性往返跑),叠龙(搬运凳子跑和叠凳子比赛),唱龙(齐跳篝火舞)。"整堂课将"小方凳戏龙"作为教学内容,创新利用日常生活用品。通过学习和练习,引导学生开动脑筋,创造各种龙的造型和各种龙的游戏。寓趣味运动于体育教学之中,使学生充分体验成功的快乐与收获的喜悦。

　　(三)整合阳光体育教学资源

　　1. 民间体育活动教材的发掘

　　在实践中,笔者将民间体育活动分成两类:一类是前人已有的,而现在被湮没或基本失传的项目,经过实践中发掘、整理使之重现的运动,如:滚铁环、打陀螺、拍毽子等;另一类是具有民风、民俗特征的活动,如竹竿活动、胶圈活动等。杭州市永天实验小学在实践中根据民间体育活动的特点,注意民间性、科学性、普及性、层次性、趣味性、安全性等原则,根据不同年龄段学生的生理和心理特点,根据不同季节及气候情况安排不同的民间体育活动内容,同时还开展民间体育活动趣味竞赛配合体育课堂教学。在课题研究中收集、整理和重新创编了跳绳、跳皮筋、踢毽子、胶圈活动、叠罗汉、滚铁环、打陀螺、走高跷、跳房子、抓子、徒手游戏等 11 类民间体育运动项目,并通过教学实践有效提升了学生的体育意识和健康水平,使他们身心得到全面和谐地发展。

　　【案例呈现】学生小马身体素质及发育状况与同龄人相比较差,体育课中时有怯懦畏惧表现,同伴也不愿意和他一起合作练习。老师根据其特点重新设定目标,以民间体育活动跳绳、踢毽子、走高跷、跳房子、滚铁环等趣味性强的练习来激发他的体育学习兴趣。通过锻炼,不断提高,不仅增强了身体素质,而且在磨砺中形成了正确对待挫折和失败、在逆境中顽强拼搏的心态。在校民间体育吉尼斯大赛中,他获得了跳房子年级组第一名,与同伴合作获得了滚铁环第一名。

2. 流行时尚教材的引进

现代教育的最大优点就是时代性强,在体育课堂教学中根据学生年龄和身心发展特征引入流行时尚的教材,如定向运动、拓展运动、搏击、柔道、武术、街舞、女子防身术、轮滑等充满现代感的内容,以达到激发学生兴趣、提高学生运动水平、提升学生社会适应能力的目标。杭州市永天实验小学还将武术作为体育校本课程,从水平1~3均设置了练习目标和练习内容,学生学习武术的热情高涨。杭州市健康实验学校在阳光体育课程中引入了地掷球项目;杭州市胜蓝实验小学引入了拓展运动。体育课教学结合这些流行时尚运动,学生喜练乐学,收到了较好的教学效果。

3. 来自学生生活教材的收集

新课标要求以学生的发展为中心,再次强调了学生的主体地位。开发课程资源不仅是教师的工作,而且也是学生的学习过程之一,学生是学习的主体,他们的"动"与"不动"是课堂的核心。

【案例呈现】张老师在教学中发现学生十分喜爱玩耍课间的游戏,而对课堂上的一些练习缺乏热情,于是他想:何不把学生的课间小游戏进行收集、创编,对课堂教学内容进行补充呢? 于是他开始在教学中采取新的思路,即:教师充分了解学生的兴趣——根据学生的反馈信息——制订适合学生发展的学习内容。这样在教学内容的板块中就给了学生发挥、畅想的空间。通过实践,学生喜欢玩的游戏,如大刀、小刀、拍卡、跨步等逐渐被引入课堂,充分调动了学生的学习兴趣。

4. 课外和校外体育资源的整合

在课题实践中,积极开发和利用课外和校外体育资源,能更好地形成对体育教学和课程改革的支持,不断完善以校为本的体育课程资源开发和利用机制,并辐射到周边社区和家庭体育,实现学校体育教育教学和课程改革与发展的良性循环。

【案例呈现】杭州市永天实验小学充分开发课外体育课程资源,如:大课间体育活动、红领巾 DISCO、自编室内操、课外活动、体育节、体育月、课外竞赛、校运动会、家庭体育活动、社区体育活动、区内体育活动、业余体育训练、节假日体育活动等,并组织观看 CBA 篮球联赛。通过实践,充分调动了学生体育活动的积极性,激发了他们的潜能和特长,同时也为学生终身运动打下扎实的基础。

5. 自然地理资源的整合

学校依托区域内丰富的课程资源,充分利用周围社区丰富的自然条件,开展多种形式的活动,如:春秋远足、爬山、散步、无线电测向运动、自行车慢骑、游戏、日光浴等,促进了学生身体机能的协调发展,增强了学生的体质。

6. 体育信息资源的整合

在当今的信息社会里,要充分利用各种信息资源获取知识,不断充实和更新课程内容,提升专业素养。在实践中,课题组创设了校内广播、黑板报、挂图、体育小报、体育作文等载体,增强校园体育文化的建设,同时还积极引导学生通过广播、电视、网络等各种媒体途径获取体育信息资源,使学生了解更多的运动知识,并懂得如何欣赏、整理、筛选、利用信息,为自己今后从事体育锻炼提供参考依据或借鉴资料。

有效开发和利用阳光体育课程资源符合学生的身心发展规律,符合素质教育对学校体育教学改革的要求,符合"以人为本"和"健康第一"的指导思想,符合促进学生身心健康和增强体质的目的。根据体育课程资源的多样性、间接性、具体性的特点,通过专家访问、文件检索、问卷调查等方式,将这些资源概括、分类、创新和整合成 11 大类 41 个小项(见表 3-3-1)。以便更好地服务主体教学,促使学生身心得到健康发展。

表 3-3-1　体育课程资源有效开发内容

开发策略	总编号	开发项目类别	项目号	具体内容
简化和改造传统课程内容资源	1	简化和改造教学内容	1	将现有竞技运动教材内容扩展、延伸,使学练内容生活化。包括跑、跳跃、投掷、体操、球类等
	2	简化和改造教学要求	2	对教学要求的简化和改造,如开始、结束动作的变化,原地方位的变化,时间、空间的变化,动作组合的变化,人数变化等
	3	简化和改造教学方法	3	对教材进行情境化、问题化处理与转化

开发策略	总编号	开发项目类别	项目号	具体内容
创新开发体育课程资源	4	开发人力资源	4	开发和利用校内领导、班主任、体育教师、卫生教师、课任教师、学生等资源
			5	开发校外家长、教练、社会体育爱好者等资源
	5	开发体育设施	6	常规设施：操场、跑道、篮球架、足球门、单杠、双杠、天梯、滑梯、爬杆、领操台、乒乓球台等
			7	常用器材：篮球、排球、足球、乒乓球、垒球、实心球、体操垫、体操棒、跨栏架、短绳、橡皮筋、毽子、小哑铃、小沙包、小旗、塑料圈等
			8	自制、代用器材：胶圈、胶棒、纸球、纸棒、纸制器材、饮料瓶、易拉罐、泡沫拼花地板、小木夹、彩带、双色帽、课桌凳、家庭生活用品（小桶、小凳等）
整合体育课程资源	6	发掘民间体育活动教材	9	跳绳：跳绳传球、叫号跳、梅花跳、前进后退跳、后踢腿跳、蹲步跳、花样跳、摇双绳跳等
			10	跳皮筋：八月桂香、单脚左右跳、双脚左右跳、跨跳、侧手翻、打豆腐、小松树、哈哈筋、蓝天等
			11	踢毽子：单腿踢系绳的毽子、磕踢、钻圈、踢毽接力、停毽、过河、交叉踢接、点将踢毽、跳盘踢等
			12	胶圈活动：轮胎操、滚、跨、赶、转、扔轮胎、轮胎相扑、过独木桥、节节高、老牛拉车、车轮滚滚等
			13	叠罗汉：开云见日、友好合作、团结合作、最佳搭档、展望未来、稳如泰山、七星伴月、骑马观花等
			14	滚铁环：直线、蛇行、反钩滚铁环、滚铁环搬物接力、钻山洞、跨越滚动圈、巧过独木桥、追绕滚动圈等
			15	打陀螺：刷陀螺、圈内抽打陀螺、斗陀螺、抽打老牛等
			16	走高跷：向前走、向后走、向侧走、开展军事演练（持枪整队、枪上肩、射击等）
			17	跳房子：单脚、双脚、单双脚交换跳房子、投沙包单脚跳房子、单脚踢跳房子、跳房子组合练习等
			18	抓子：小抓、大抓、右抛左大抓、左抛右大抓等
			19	徒手游戏：捉龙尾、挤油渣、城门几丈高、斗鸡等

续表

开发策略	总编号	开发项目类别	项目号	具体内容
整合体育课程资源	7	引进流行时尚教材	20	轮滑:各种滑行动作技巧、合作练习等
			21	地掷球:基本规则、小组对抗、竞赛等
			22	三人制足球:基本动作、练习比赛等
			23	定向运动:方法介绍、开展比赛等
			24	拓展运动:踩地雷、时代列车、大风车、风火轮等游戏
			25	武术、柔道、女子防身术:基本动作与套路学习
			26	街舞:各种基本、简单的组合动作等
	8	收集来自学生生活教材	27	大刀、小刀
			28	拍卡、拍拍手
			29	猜拳跨步
			30	地雷、爆炸
			31	黑白翻、横竖对、抢四角
			32	官兵捉强盗
			33	炒蚕豆、炒豌豆
	9	整合课外和校外体育资源	34	体育文化节、体育嘉年华、游戏节等活动
			35	家庭爬山、打球、亲子活动;社区竞赛等
			36	青少年活动中心培训
			37	少体校训练、体育俱乐部、兴趣班活动
			38	各种节假日的体育活动和竞赛
	10	整合自然地理资源	39	阳光、空气、水和山(春秋游远足、爬山、散步、无线电测向运动、自行车慢骑、游戏、日光浴;夏游泳;冬打雪仗、滚雪球、堆雪人等)
	11	体育信息资源的开发和利用	40	校内广播、黑板报、挂图、比赛、体育小报、作文等
			41	媒体(世界杯、流行操、新兴体育项目、广泛的体育知识)各种信息资源

　　通过实践,学校领导、体育教师、班主任、学生家长对阳光体育课程资源开发和利用表现出极大的热情、肯定和支持。阳光体育活动的根本目标是使学生对体育产生兴趣,并能经常参加体育活动,养成锻炼的习惯,促进学生身体

健康的可持续发展。《体育课程标准》中也指出："学生可以根据自己的兴趣爱好和不同需求,选择个人喜爱的方法参与体育活动,挖掘运动潜能,提高运动欣赏能力,形成积极的余暇生活方式。"

通过创造性开发阳光体育教学资源,建构更为综合、开放的体育课程体系,进一步丰富阳光体育课程资源开发的途径、方法,拓展体育教育教学功能,为学生体育学习开辟更为广阔的空间,初步建立"学校、家庭、社会(社区)"三位一体的"大体育课堂"。同时,丰富、充裕、适当的阳光体育课程资源更好地推进和提升了体育新课程的实施范围和水平;富有生命活力的体育课堂大大提高了学生的体育意识、运动基本技能,使他们的身心得到全面和谐的发展。通过实践,体育教师开发课程资源的能力得到有效提高,培育了浓厚的学习、研究、对话的氛围,促进了一大批"生命型"的体育教师的成长。

阳光体育教学资源拓展的过程中应该注意课程内容的选取。第一,内容应当适合学生的年龄特点,能满足学生的兴趣和爱好,并具有因地制宜和因时制宜的特点,活动内容和方法要有助于实现体育与健康课程目标。第二,要注意结合区域和本校实际情况,只有从实际出发,才能有效地开发和利用好阳光体育教学资源。

第四章　阳光体育活动内容整合

　　本章共三节,重点从民间体育活动收集运用、拓展运动游戏创编整合、全员运动会设计创新三个方面阐述阳光体育活动内容的分类与整合。以实现《体育与健康》课程目标为前提,根据小学生的身心特点以及教学条件、场地器材设施等因素,分类整合民间体育、拓展运动游戏、全员运动会项目。通过实践,提高学生的体育意识和身心发展水平,达到增强学生体质、提高运动技能、磨练意志品质的目的,从而促进学生全面和谐地发展,进一步促使学生学会生活、学会交往、学会合作、学会竞争、学会创新,初步构建一个以人为本、具有生命活力的阳光体育大课堂。

第一节　民间体育分类应用

　　民间体育活动是我国优秀的民族文化遗产,具有鲜明的中国民族传统特色,是劳动人民在生活、劳动中创造并广为流传的体育运动项目,在教学实践中学生易学乐练。通过调查发现,无论是家长还是孩子对民间体育活动都表现出极大的兴趣。民间体育游戏内容丰富,寓教于乐,且能因陋就简,就地取材,易于普及,利于体育教学在时间和空间上向外延伸。通过民间体育活动,不仅能锻炼学生身体,还能使之学会生活、学会交往、学会竞争合作、学会创新。因此,因地制宜、因人制宜地将流传在民间的体育活动内容经过收集、整理、筛选、创编、改编成适合学生进行体育活动的教学内容,使之成为具有地域特色和学校特点的丰富素材,充实到阳光体育活动中去,更好地实践体育新课标,提高学生的身心健康水平,促进学生全面和谐地发展。

一、选取民间体育活动的依据

民间体育活动既有一定的民族性、地域性、娱乐性，又有技艺性、健身性，同时还具有较强的教育性。选取民间体育活动的依据主要有以下三个方面。

（一）从学生身心发展特点出发

小学生正处于生长发育的重要阶段，活泼好动，对事物充满好奇且善于模仿；喜欢新颖的，有一定难度的内容。在感知事物时，无意性、情绪性很明显；而思维则以具体的形象思维为主。具体表现为：接触新事物较敏感，有较高的兴趣，有较为丰富的想象力。此阶段将民间体育活动引入小学体育教学课堂，能充分激发学生的学习欲望。寓游戏性、趣味性、教育性于一体的民间体育活动可以进一步促使学生学会生活、学会交往、学会竞争合作、学会创新。

（二）依据《体育与健康课程标准》

体育与健康课程是一门以身体锻炼为主要手段、以增进健康为主要目的的必修课；是学校课程体系的重要组成部分；是实施素质教育和培养德智体美劳全面发展人才不可缺少的重要途径。《体育与健康课程标准》突出强调尊重教师和学生对教学内容的选择性，使课程有利于学生的运动兴趣，养成坚持体育锻炼的习惯，明确提出"我国各地区各民族蕴藏着丰富的体育健身方法和体育项目，可根据本地区的实际情况增选或置换体育教学内容"。

（三）依据主体教育理论

学生通过自己的探索和发现得来的知识才是真正的知识，他发现的世界才是真正的世界。学生有好动的天性和能力，愿意游戏——我要玩。当学生主动参与时，不仅能充分调动自己的学习和发展潜能，积极地吸收游戏情景中信息，主动地适应情景，而且有助于学生养成主观能动性和积极的自我概念。

二、民间体育活动内容搜集和整理

在实践中，根据民间体育活动的特点，即：民间性（来源于民间，现行教材中一般没有）；科学性（有利于儿童生长发育，促进身心健康）；普及性（通过基本练习大部分学生都能完成）；层次性（活动内容有梯次，有变化）；趣味性（符合儿童心理特点,好玩有趣);安全性(有利于教学组织、课外活动不容易发生伤害事故)等选择原则,从以下三个方面进行具体实践。

(一)多渠道搜集

搜集与整理民间体育游戏主要通过访问、文献资料、问卷调查等途径。

(1)查阅文献。主要到图书馆、文化馆查找相关文献。

(2)访问。对致力于民间文化研究的专家学者、地方上具有专长的长者进行访问。

(3)联络朋友。对各县市的民间体育游戏的搜集,主要通过联络外地的亲朋好友等方式进行收集。

(4)网络。通过互联网查找相应的游戏资料。

(5)阅读民间体育活动相关书籍。

在内容的选择上制定了控制条件:必须具有民间性,即来源于民间;层次性,活动内容有梯次,有变化;趣味性,符合儿童心理特点,好玩有趣;安全性,有利于教学组织、课外活动不容易发生伤害事故。通过访问、查资料、问卷调查等方式,项目组搜集到诸如放风筝、打秋千、抢四角、翻油饼、捉迷藏、踢脚板、跳绳、跳皮筋、踢毽子、拍三角、打弹珠、滚铁环、打陀螺、爬竿、过云梯、跳房子、抓子、徒手游戏、扔沙包、滑滑车等各种各样的民间体育游戏,这些游戏在民间广泛流传,不仅小孩爱玩,大人也乐此不疲,深受群众欢迎。

(二)分类别整理

对搜集到的材料进行初步的分类整理,包括按地域分类、按游戏规则分类、按道具分类等。

(三)场地器材拓展

根据学校运动场地布局的特点,实践中从实际需要出发进行民间体育活动场地设置。如:在学校体育馆东侧画了许多跳房子的活动区域;在体育馆西侧开辟了滚铁环活动区;在体育馆南侧开辟了高跷活动区;在体育馆底一楼开辟了打陀螺活动区;在学校体育馆乒乓球房内设置抓子活动区;在学校大操场开辟胶圈活动、叠罗汉、跳绳活动区。这些活动场地的拓展和设置大大激发了学生参与练习的热情。学校在购买部分器材的同时,还积极引导学生自制陀螺、高跷、铁环等器材,使各类民间体育活动的开展有了场地、器材保证。

三、民间体育活动资源与教学内容的整合

(一)民间体育活动资源的分析与整理

(1)筛选:根据可行性原则,对游戏活动按是否可应用于小学教学进行筛选。筛选可以分为:直接运用的游戏,改编后可运用的游戏、无法运用的游戏等。

(2)分类:在筛选的基础上进行活动场所、适用范围、使用器材、活动方式等分类。在笔者搜集到的本地诸多民间体育活动中,经过筛选,确定跳绳、跳皮筋、踢毽子、胶圈活动、叠罗汉、滚铁环、打陀螺、走高跷、跳房子、抓子、徒手游戏等 11 个项目为引进教学的活动内容(见表 4-1-1)。这 11 个项目中,既有雨天在室内进行的游戏(徒手游戏、抓子、踢毽子、跳房子),又有适合冬季开展的户外活动(跳绳、跳皮筋、滚铁环、打陀螺);既有符合小学低年级学生进行的游戏(如徒手游戏、滚铁环、跳房子),又有适应中高年级学生开展的富有挑战性的项目(如踩高跷、打陀螺、胶圈活动等)。按活动方式,如小学体育教材内容中,主要围绕走、跑、跳、投掷、攀爬、滚翻等几大块,我们根据各种民间体育活动的不同特点进行分类。

(二)民间体育活动资源与教学内容有效整合

长期以来,小学体育教学内容受竞技运动体系的影响,技术要求高,动作难度大,场地器材限制多,在有限的课时内学生难以掌握;课外和校外不易开展活动,因此学生对体育课的学习内容兴趣不高。顺应体育新课程改革的趋势,笔者将流传在民间的优秀体育内容经过收集、整理、筛选和实验,改编成适合中小学生的教学内容,充实到现行教材中去,以期增强学生学习兴趣,丰富教学内容,提高教学水平。教材整合策略如下:

(1)补充:根据教学内容和教学目标,将民间体育游戏活动引入教学,成为体育课教学的有益补充。这是直接补充教学内容。

(2)结合:把民间体育游戏与教材内容相结合进行教学。

(3)替代:以民间体育游戏活动材料替代教材中的教学内容,直接应用游戏进行教学。

表 4-1-1 民间体育活动项目分类一览

类别	总编号	项目号	项目	类别	总编号	项目号	项目	类别	总编号	项目号	项目
一 跳绳	1	1	跳绳传球	四 汽车轮胎活动	43	1	轮胎操	八 走高跷	85	5	棍棒对抗教学（打扁担、棍棒舞）
	2	2	叫号跳		44	2	滚轮胎		86	6	开展单、双杠教学（支撑或悬垂、移动接力、抬担架）
	3	3	梅花跳		45	3	跨轮胎				
	4	4	跳"浪花"		46	4	赶轮胎		87	7	开展撑竿教学
	5	5	长绳带短绳跳		47	5	扔轮胎		88	8	叠罗汉
	6	6	正面跑入围绕摇绳跳		48	6	单腿跨越轮胎		89	9	过铁索桥
					49	7	分腿跳跃轮胎		90	10	高跷足球
	7	7	双臂交叉正反跳		50	8	轮胎相扑	九 跳房子	91	1	单脚跳房子
	8	8	正跳变反跳		51	9	过独木桥		92	2	双脚跳房子
	9	9	小步跑跳		52	10	踏板过河		93	3	投沙包单脚跳房子
	10	10	高抬腿跳		53	11	轮胎拔河		94	4	单双脚交换跳房子
	11	11	双臂正交跳		54	12	看谁先跑到		95	5	单脚踢跳房子
	12	12	前进后退跳		55	13	双手转轮胎		96	6	跳房子组合练习
	13	13	后踢腿跳		56	14	节节高	十 抓子	97	1	小抓
	14	14	蹲步跳		57	15	老牛拉车		98	2	大抓
	15	15	花样跳		58	16	车轮滚滚		99	3	右抛左大抓
	16	16	摇双绳跳	五 叠罗汉	59	1	云开见日		100	4	左抛右大抓
二 跳皮筋	17	1	八月桂香		60	2	友好合作	十一 徒手游戏	101	1	黑白翻
	18	2	一二三拍手跳		61	3	团结合作		102	2	横竖对
	19	3	十二打点叮叮当		62	4	双燕齐飞		103	3	抢四角
	20	4	七个		63	5	最佳搭档		104	4	官兵捉强盗
	21	5	单脚左右跳		64	6	展望未来		105	5	拍拍手
	22	6	双脚左右跳		65	7	三人两层		106	6	炒蚕豆、炒豌豆
	23	7	跨跳		66	8	稳如泰山		107	7	捉龙尾
	24	8	侧手翻		67	9	七星伴月		108	8	挤油渣
	25	9	双脚连续向前跳		68	10	骑马观花		109	9	猜拳跨步
	26	10	打豆腐	六 滚铁环	69	1	直线滚铁环		110	10	城门、城门几丈高
	27	11	春天在哪里		70	2	蛇行滚铁环		111	11	地雷
	28	12	小松树		71	3	反钩滚铁环		112	12	斗鸡
	29	13	闪闪红星		72	4	滚铁环搬物接力				
	30	14	哈哈筋		73	5	钻山洞				
	31	15	蓝天		74	6	跨越滚动圈				
三 踢毽子	32	1	单腿踢系绳的毽子		75	7	巧过独木桥				
	33	2	磕踢		76	8	追做滚动圈				
	34	3	钻圈	七 打陀螺	77	1	刷陀螺				
	35	4	踢毽子接力		78	2	圈内抽打陀螺				
	36	5	点将踢毽		79	3	斗陀螺				
	37	6	停毽		80	4	抽打老牛				
	38	7	踢毽过河	八 走高跷	81	1	向前走				
	39	8	交叉踢接		82	2	向后走				
	40	9	点将踢毽		83	3	向侧走				
	41	10	步步为营		84	4	开展军事演习（持枪整队、枪上肩、射击）				
	42	11	跳盘踢								

（4）拓展：引导学生学会游戏后，在日常生活中开展游戏活动。此举不仅继承和发扬民族文化，又拓展了体育活动的空间和时间。

四、民间体育活动运用策略

（一）根据不同年龄段学生生理和心理特点安排不同的游戏内容

小学阶段正是少年儿童生长发育的阶段，不同年龄的学生由于身体素质及心理状况的不同，他们的兴趣与爱好也有所不同，因此在选择活动内容上也不同。笔者在教学过程中，有针对性选择一些符合各年龄段学生特点的游戏项目穿插进去，既活跃了课堂气氛，又增加了学生的学习兴趣，同时，掌握了体育基本技能。如小学一至三年级学生的体育课中，我们引进了跳房子、徒手游戏、滚铁环、跳皮筋等游戏内容；四至六年级引进了一些具有挑战性而且活动量较大的游戏，如走高跷、打陀螺、胶圈活动等项目。教学内容丰富多彩，学生学习兴趣盎然。

【案例呈现】学生 A 的身体协调性和基本活动能力与同龄人相比较差，上体育课时有胆小、畏惧、孤僻等表现，学习主动性和效果都比较差。根据他的情况，我们一方面与家长配合，一方面用跳绳、踢毽子、走高跷、跳房子等游戏来激发他的兴趣。通过近一年的努力，成功改变了他的心态、提高了他的身体素质，在不断的磨砺中树立了正确对待挫折和失败，逆境中顽强拼搏、积极向上的心态。

（二）根据不同的季节及气候情况安排相应的活动内容

由于杭州的气候四季分明，并伴有梅雨季节，雨天时体育课大多改为自修或下棋、讲故事等。引进民间体育活动后，如遇到雨天，可安排学生玩徒手游戏、踢毽子、抓子、叠罗汉等室内活动项目，在游戏的过程中锻炼他们的身体灵活性和协调性，培养学生合作、合群、友爱的品质。春冬季节，天气寒冷，为了使学生主动积极投入体育锻炼，笔者安排了趣味性强并有一定运动量的民间体育活动，如滚铁环、打陀螺、跳绳、跳皮筋、踢毽子等项目。

【案例呈现】跳绳、跳皮筋在教学中可以用来替代投掷中的鞭打动作、跑步时的摆臂练习以及各种姿势跳跃等，也可运用踩绳尾、双踩绳尾、抓尾巴、抛绳、抛接、斗智拉绳、打靶、两人三足、拼图、齐心协力舞龙绳等来做练习。舞龙绳就是将绳子相连举起来当"龙",用球当龙珠,在龙珠的指引下,模仿龙的各种游动形态做"游龙戏珠"的游戏:如"龙出海"(同步前进)、"龙跳舞"(上下起伏,左右游动)、"龙夺珠"(随着龙珠转圈)、"摇头摆尾"(左右摇摆,龙尾翘起)、"龙归巢"(回到集合地)等练习。通过游戏活动,改变以往冬季学生怕冷不爱动的现象,学生们玩耍的同时又学到了抛、跳、躲、闪、挥臂、抽打等教学内容中的动作技能,达到体育课预期目标。

夏秋季节,天气干燥晴朗,学生的衣服穿得少了,身上的束缚少了,玩起来特别轻松。因此,可以安排一些诸如叠罗汉、跳房子等活动内容,让学生在广阔的户外感受运动与游戏的快乐。

(三)开展趣味竞赛,将民间体育活动向课外、社区延伸

在体育教学的基础上,通过组织丰富多彩的趣味竞赛活动进一步激发学生的学习热情。在实践中根据学生需要将广播操时间分为两部分,除了完成规定的广播操之外,每天开展主题为"民间体育快乐动动动"的大课间活动。学生在教师的带领下主动练习、互助合作,练习的效果非常好。同时,在近一年的实践中还开展民间体育游戏周、校园民间体育吉尼斯大赛、学校社区互动活动——"我能"(邻里休闲亲子嘉年华)等活动。教师、学生、家长都参与其中,不仅使民间体育活动向课外、社区延伸,还成了家校联系的桥梁和纽带。丰富多彩的民间体育活动见实践组图1～4。

实践组图1　校园课间民间体育活动(大课间、民间体育游戏周)

实践组图 2　民间体育游戏周部分班级自制的活动海报

实践组图 3　校园民间体育吉尼斯大赛图片

实践组图 4　与社区互动——"我能"邻里休闲亲子嘉年华

（四）民间体育活动的调控

　　课堂教学活动中引进民间体育活动项目应进行适当的控制：遵循科学性、普及性、趣味性原则，注意不超越课程目标要求；不减缩必要的教学内容；适当控制课时；适当控制活动的规模等。在 11 个民间体育活动中，大多数内容简单易学，危险性较小，但也有几项内容如叠罗汉、抓子、踢毽子等，还是具有一定危险性的,因此在教学过程中,特别要注意强调安全。抓子和踢毽子,本身没有什么危险,但如果在玩的过程中,不注意身边的人或物,很容易伤到别人或自己被什么东西伤到。因此,在教学过程中要向学生讲清楚游戏的规则和练习方法,强调安全事项。

【案例呈现】民间体育活动运用实例

1. 民间体育活动项目:高跷

踩高跷有悠久的历史,是劳动人民长期积累起来的集健身、娱乐、庆典于一体的活动形式,具有传统性、群众性、健身性、竞技性、娱乐性、观赏性、教育性等特点,非常适合引进学校体育教学。笔者在体育教学中先安排一节基本技术学习课,内容包括预备姿势、上跷技术、平衡技术、走动技术、下跷技术等。一般2人一组进行练习(练、帮、想、交流、再练)。等学生学会基本的高跷技能后,让学生在高跷上进行自由的花样练习。

具体运用:

(1)高跷行走速度赛:在跑道上6人一组看谁先走完20米(其中包括正面走、侧面走、后退走等)。

(2)在高跷上运球:6人一组,每人拿一个足球,在高跷上抱球运到指定的地点,先完成者为胜,当运球技术达到一定的熟练程度,可分组进行高跷上小型足球赛。

(3)利用高跷器件进行角力练习:

a. 两人一组利用一只高跷进行顶肩练习,看谁的力量大。

b. 两人一组利用一只高跷进行推力练习。

c. 三人一组二人抬一人进行负重搬运练习。

d. 三人一组二只高跷进行双杠支撑或悬重练习。

【案例剖析】

踩高跷教学采用集体练习和分组练习相结合,针对学生素质差异进行分层教学。横队教学走动熟练以后,引导学生注意完整技术的练习,从慢到快、从小步到大步。通过高跷游戏的变式教学,开发学生的智力,提高学生的反应灵敏性,达到健身、娱乐、竞技和教育的目的。

2. 民间体育活动项目:踢毽运动(技术变式)

踢毽运动在我国有着悠久的历史,唐宋时就已盛行。民间曾有利用鸡毛和铜钱制作成鸡毛毽,利用橡胶皮和纸条做成纸毽等各种形式的毽子。现在中小学中大多数同学都会一般的踢毽运动。在掌握一般踢毽技术、技能的前提下可以进行花样技术的变式运动。包含脚内侧踢毽、脚外侧踢毽、正脚背踢毽、外脚背踢毽、腹挺毽、胸停毽、肩触毽、大腿触毽、头触毽等踢法。以上技术可单人自抛自踢,也可双人互抛踢。

花样踢:

(1)里接踢:髋关节放松,膝关节稍紧,踝关节紧张,大腿上提,用足内侧迎上接下落的毽子,接触的一刹那,缓冲一下,接稳后,再用踝关节发力,将毽踢出。

(2)外落踢:用外三趾迎上接毽,接稳后将毽踢出。

(3)穿圈踢:用力将毽上踢,待高于胸部,双手迅速合成圈,使毽子穿圈而下,重复穿圈。

(4)交叉腿跳踢:将毽踢起,当下落到肩部时,左腿摆到体前右侧和右腿成交叉状,右脚内侧将毽踢起。

【案例剖析】通过技术的变式,使学生对踢毽技术掌握更全面,从而激发学生的求知欲,培养自信心。

3. 民间体育活动项目:角力(绳角力)

角力可分为有械和无械,有械角力的器械多种多样,如利用拔河绳进行人数较多的拔河比赛;可男女分组,也可混合分组,人数可多可少;可以利用短绳进行二人角力、四人角力;也可以利用短绳进行三角角力或四角角力;还可以负重角力。

【案例剖析】角力游戏的变式,学生兴趣浓厚,参与率高,气氛浓,在欢声笑语中得到锻炼。

4. 民间体育活动项目:拍毽子(技巧方式的变式)

拍毽子也是我国民族传统项目之一,历史悠久,简单易行;活动场地不大,活动量能大能小,有不少动作技巧;是学生课外活动适宜运动的项目。

技术变式有：

（1）正手握拍拍毽子：将毽子打起来，下落时，再将毽子打起来，连续不断地将毽子打起来，直到落地为止。

（2）反手握拍拍毽子：正手握拍，用反面打毽子。

（3）胯下拍毽子（轮流抬左右腿）：当毽子在体前被向上拍打起来后，下落时抬起一条腿，用拍子从胯下将毽子向上打起来，可连续进行。

（4）背后拍毽子：当毽子在体前被拍打起来后，拍子从身体背后将毽子再向上打起来。

（5）下蹲胯下拍毽子（脚不离地，左胯，右胯）：当毽子在体前被拍打起来，拍子从胯下向上打起，体前胯下可交替进行。

（6）两腿并拢拍毽子：当毽子在体前被向上拍打起来后，体前体后交替拍打毽子，也可连续做动作。

（7）右脚跨起膝下拍毽子。

（8）两脚落地膝下插拍打毽子。

【案例剖析】拍毽子是中国民间传统体育项目之一，历史悠久，简单易行，活动场地不大，活动量能大能小，有不少动作技巧，是学生课外活动的适宜运动项目。拍毽子是由踢毽子演变而来，所不同的地方是上肢活动较多，是学生们比较喜欢的一项民间体育活动。为了提高学生学习的兴趣与积极性，在拍毽子教学中可以引导学生通过模仿、比赛、创新等形式来提高拍毽子的稳定性、连续性，发展动作的组合性，培养学生之间的合作能力。同时，在设计活动时要考虑到不同学龄段孩子的心理、生理等特征开展相应的教学活动。

五、民间体育活动应用建议

（一）合理选择

在实践中，我们发现一个有趣的现象，即在实施体育新课标之前学生非常喜欢自由活动，究其原因就是他们渴望自由，渴望摆脱束缚，这里当然也有可能是我们以前安排的教学内容不符合他们的"口味"。在民间体育教学内容选择、处理方面，我们可以把教师和学生的关系比喻成裁缝与模特的关系，教师作为裁缝要考虑到"面料、款式、剪裁、缝纫"等多方面,这样才能有助于模特(学生)更好地发挥潜能,展示自我。在教学内容选择处理方面,教师一定要对学生有一个清楚客观的认识。选择、处理任何一"款"民间体育教学内容都应为学生"量体裁衣",为学生设计裁制。

（二）联系生活

民间体育原本就源于生活,生活是民间体育教学取之不尽的源泉。随着我们生活方式和内容的不断变化,各种新兴的民间体育运动项目不断涌现。只要我们善于观察生活,从生活中汲取更多的营养就能创新出适合自己和学生的教学内容,丰富我们的阳光体育实践。

（三）增进能力

体育课程是一门以身体锻炼为主要手段,以体育知识、技能和方法为主要学习内容,以增进学生健康为目的的学科,具有鲜明的基础性。新课标提倡淡化技术教学,注重学习过程,注重学生学习兴趣。但无论什么类型的运动都要以一定的基本运动能力和身体素质作保障,民间体育教学内容千变万化,在处理时始终要注意其基础性。学生不掌握最基本的运动技能,不具备基本的跑、跳、投能力,那么在学习中就会感到吃力,对体育课失去信心,失去兴趣,日后就不可能在体育学习、锻炼中挑战新的目标。

民间体育活动在实践中表现出来的趣味性、普及性、简便性、健身性和娱乐性符合少年儿童的特点,符合素质教育对学校体育教学改革的要求,符合"以人为本"和"健康第一"的指导思想,深受学生喜爱,得到学校领导及体育教师的支持。民间体育活动充分激发学生体育锻炼的积极性,带动学生情意表现向积极的方向发展,促使学生身心得到健康发展。在充满生命活力的阳光体育课堂中,学生的尊严、活力、自我管理能力、集体感、自我意识等五种品质不断提高,健康成长。

第二节　拓展运动创编实施

在新一轮体育课程改革实践中,体育教师的教育观念、教学行为、课堂角色、专业知识能力和学生的学习方式都发生了可喜的变化。我们也发现,由于种种因素,学校体育教学还存在以下不足和困惑,如:在学校近几年体质健康测试中,学生的耐力、速度、力量素质呈下降趋势。同时,在夏令营、学农活动中,学生的意志品质、合作创新意识表现不佳;一些不是以身体锻炼为主的游戏、劳作等内容成为体育活动内容,使得阳光体育偏离目标,脱离主体需要实际。缺乏生机和活力的教学内容制约着我们的体育课堂教学,影响学生全面和谐成长。针对存在的困惑,我们依据抽样原则和正态分布的原理,选择学校一至六年级457名学生作为样本进行影响学生体育课学习的主客观原因调查,分析学生体育学习需求,为寻求学生积极参与体育活动提供重要的参考依据。调查发现,42%的学生是因为体育活动中的内容太单调、太枯燥而不喜欢参与体育学习;25%因体育设施太差、器材太少而不喜欢参与学习。学习内容单调和场地器材缺少是影响学生体育学习的主要原因。另外,学生体育课学习还受运动能力、身体素质、心理素质、学习效果、重视程度等其他因素影响。拓展运动内容丰富,寓游戏性、趣味性、教育性于一体,且能因陋就简、就地取材,易于普及,部分家长也可同时参与。这将有利于学校体育活动在时间和空间上向外延伸。实践中,笔者发现将拓展运动引入阳光体育活动,创编成拓展运动游戏,学生易学喜练。调查发现,有412名(占90%)学生对此表现出了极大的学习欲望。因此,经过收集、整理、筛选、创编和实验,因地制宜、因人制宜地将拓展运动改编成适合学生练习的阳光体育项目,可以提高学生身体基本活动能力,促使其在意志品质、合作能力、创新意识等方面全面发展。

一、拓展运动游戏整合依据

拓展运动又称户外培训活动,起始于1941年,20世纪70年代末至80年代初,这种培训形式引起企业界的注意,从此迅速流行。初期重点是培养个人能力,如今,重点则多已转向培养团队合作精神和技巧。拓展运动是用一种全新理念来组织的游戏活动。在体育教学中引入拓展运动,就是将其进行合理地创编,使之成为体育课的有效补充内容并加以运用,以达到培养和激发学生参与体育活动的兴趣、掌握体育基本知识与技能、发展身体基本活动能力、磨炼意志、培养团队合作精神的目的。

(一)身心发展特点

小学生正处于生长发育的重要阶段,活泼好动,对事物充满好奇且善于模仿;喜欢新颖、有一定难度的学习内容;对新事物较敏感、有较高的兴趣,有较为丰富的想象力。此阶段将拓展运动引入小学体育教学课堂,能充分激发学生学习欲望,促使学生学会生活、交往、竞争和合作。

(二)埃里克森心理发展阶段理论

埃里克森以自我渐成为中心,把人格发展分为八个阶段,每个阶段都有其特定的发展任务。第四阶段从7岁到12岁,儿童进入社会,开始意识到社会提出的任务;发展任务是获得勤奋感而克服自卑感,体验能力的实现。埃里克森指出,许多人对工作和学习的态度习惯可以追溯到本阶段的勤奋感。通过拓展运动引导学生团队练习,不仅能充分调动他们的学习发展潜能,积极地吸收游戏情景中的信息,主动地适应情景,而且有助于形成一个积极的自我概念,还可以使具有自卑感的学生重新获得勤奋感。

(三)《体育与健康课程标准》

体育与健康课程是一门以身体练习为主要手段、以增进中小学生身体健康为主要目的的必修课。健身性、教育性、发展性是体育学科的本质所在。《体育与健康课程标准》"突出强调要尊重教师和学生对教学内容的选择性,使课程有利于学生运动兴趣培养,养成坚持体育锻炼的习惯";同时,还要在继承传统学习基础上,增加探究性、合作性学习,实现学习方式的多样化。

阳光体育实践中引进拓展运动应遵循安全性、科学性、体验性、普及性、层次性、趣味性的原则。注意不超越课程目标要求;不减缩必要的教学内容;适当控制课时等。在收集、整理的四大类拓展运动游戏中,大多数内容简单易学,危险性较小,但也有几项内容,如活动性拓展运动中的旋风跑、滚山坡、抬轿子等,具有一定的危险性。因此,在教学过程中,要提前做好准备活动,讲清游戏规则和练法,做好安全教育。

二、拓展运动游戏内容整合

（一）多渠道收集

笔者在搜集与整理拓展运动游戏的过程中,主要通过访问法、文献资料法、问卷调查等途径进行收集。主要渠道如下：

（1）文献。主要到图书馆查找。

（2）书籍。主要到新华书店、购书中心查找,购买课题实践所需要的资料。

（3）访问。对致力于拓展运动的培训机构专家、学生素质拓展培训中心进行访问。

（4）联络。通过此种方式联系相关人员对各种拓展运动游戏进行搜集。

（5）网络。通过互联网查找相应的游戏资料。

（二）分析与整理

（1）筛选：根据可行性原则,对所收集的200余项拓展运动游戏,如风火轮、信任后倒、电网逃生、动力火车、信任靠、占领阵地、蜈蚣行、孤岛求生等,按是否适合小学生和阳光体育活动进行筛选。根据小学生的特点,分直接运用的游戏、改编后可运用的游戏、无法运用的游戏等。

（2）分类：在筛选基础上进行初步分类,具体是根据学生身心发展特点和各水平阶段学习目标要求,按活动性、体验性、益智性、师生自创性拓展运动等进行分类整理。针对学生和部分拓展运动项目特点,制订拓展运动各水平单元教学目标、具体教学内容,进一步增强拓展运动在阳光体育实践中运用的效果（见表4-2-1、表4-2-2）。

（3）整合：在分类的基础上将拓展运动游戏与教学内容进行有效整合。整合的方法首先是补充,根据体育教学内容和目标,将拓展运动游戏直接运用于体育课,成为教学的有益补充。其次是结合,即把拓展运动教学游戏与教材内容相结合。再次是替代,以拓展运动游戏替代教材中的类似教学内容,直接以游戏形式引导和学习。最后是拓展,引导学生在大课间、课外体育活动、日常生活中进行练习,延伸体育学习的空间和时间。

表 4-2-1　拓展运动游戏学习目标一览表

运动参与	身体健康	运动技能	心理健康	社会适应
1. 具有积极参与体育活动的态度,能积极参与拓展学习 2. 在老师的引导下乐于学习、展示、创编拓展运动游戏	1. 在日常生活和学习中保持正确的身体姿势 2. 通过学习发展体能,提高速度、灵敏性、力量平衡等综合运动能力	1. 了解拓展运动名称,如"破冰"、"钻电网"、小垫子拓展训练、校园越野识途等 2. 学会拓展运动游戏的方法 3. 在体育活动中避免粗野和鲁莽动作	1. 在拓展运动练习中获得愉快的运动体验 2. 正确理解体育活动与自尊、自信的关系,表现出对拓展运动学习的热情 3. 初步具有阳光心态,形成坚韧意志品质	1. 学会利用各种信息获取体育知识 2. 在拓展运动学习中,具有一定的合作精神,初步学会尊重与关心他人

表 4-2-2　拓展运动游戏各水平阶段学习内容一览

拓展运动运用内容	水平一	活动方式	水平二	活动方式	水平三	活动方式
活动性拓展运动	1. 独木桥 2. 青蛙过河 3. 滚轮胎 4. 轮胎操 5. 开云见日 6. 友好合作 7. 团结合作 8. 丛林追拍 9. 龙的传人 10. 蜘蛛行	室外体育乐园内有组织进行;乐中练,动中练,练中学	1. 校园越野识途 2. 地道战 3. 欢乐伞 4. 跨赶轮胎 5. 神奇小马车 6. 最佳搭档 7. 叫号跑 8. 齿轮转 9. 袋鼠比赛	室外有组织合作学练;乐中练,动中练,练中学	1. 校园拓展活动竞赛 2. 打靶 3. 抬轿子 4. 轮胎拔河 5. 三人两层 6. 射五环 7. 卡巴迪闯关 8. 滚"山坡" 9. 旋风跑	室外有组织合作学练;乐中练,动中练,练中学

续表

拓展运动运用内容	水平一	活动方式	水平二	活动方式	水平三	活动方式
体验性拓展运动	1. 找春天 2. 闪闪红星 3. 风火轮A 4. 四渡赤水 5. 占领阵地 6. 蜈蚣行 7. 孤岛求生 8. 老鼠老鹰 9. 盲人向导 10. 猪八戒吃西瓜	室内外师引导自主合作学练；技能迁移,体验学习	1. 风火轮B 2. 动力火车 3. 信任靠 4. 架桥过河 5. 同心协力 6. 快乐转盘 7. 小龙戏双珠 8. 欢乐列车 9. 同步卫星 10. 对投水弹	室外师引导自主合作学练；技能迁移,体验式学习	1. 信任后倒 2. 千手观音 3. 电网逃生 4. 动力火车 5. 信任靠 6. 花样练习赛 7. 数字耐久跑 8. 勇气登陆车 9. 过湿地 10. 降落伞合作游戏	室外师引导自主合作学练；技能迁移,体验式学习
益智性拓展运动	1. 团队热身 2. 熟悉姓名 3. 你演我猜 4. 黑猫白猫 5. 抢四角 6. 炒蚕豆 7. 折叠报纸 8. 请朋友 9. 传递纸圈 10. 您好	室内师引导自主合作学练	1. 应急答题 2. 智力快车 3. 官兵捉强盗 4. 捉龙尾 5. 挤油渣 6. 猜拳跨步 7. 活动转椅 8. 思维体操 9. 爬过云梯	室内师引导自主合作学练	1. "破冰"C队文化建设竞赛 2. 趣味竞答 3. 拓展运动小主持人竞赛 4. 地雷 5. 斗鸡 6. 急救技能 7. 斗智 8. 摸老虎屁股 9. 杨柳轻扬	室内师引导自主合作学练
师生整合自创性拓展运动	自编自创迎奥运系列游戏A、抗击雪灾系列游戏A、抗震逃生系列游戏A、自编自创实用游戏A等	学、练、编、练、比	自编自创迎奥运系列游戏B、抗击雪灾系列游戏B、抗震逃生系列游戏B、自编自创实用游戏B等	学、练、编、练、比	自编自创迎奥运系列游戏C、抗击雪灾系列游戏C、抗震逃生系列游戏C、自编自创实用游戏C等	学、练、编、练、比

三、拓展运动场地器材开发

根据学校运动场地布局的特点,课题实践从实际需要出发进行拓展运动活动场地设置。如:在学校体育场一侧开辟学生活动性拓展运动乐园,添置爬竿、云梯、单双杠、秋千绳、废旧轮胎等运动器材;在体育馆另一侧开辟电网逃生、孤岛求生、共同进退等体验性拓展运动游戏场地。在添置体育器材的同时,教师还用废旧横幅制作了风火轮、五彩呼啦圈、竹筒高跷、胶圈等器材。这些场地、器材的拓展大大激发了学生参与练习的热情,使各类拓展运动的开展有了场地、器材保证。

四、拓展运动实施培训

在实践中,根据校本教研特点,充分利用每周固定的小组教研时间(周三下午:区教研,周五下午:校本教研),组织全组教师进行拓展运动教学方法、培训活动方案商讨等;参加市、区组织的各项新课程培训学习、交流;对拓展运动内容进行收集和整理;准备拓展运动课例、图片、案例资料;拓展运动教学探讨(教研课、互动评课、网络观点碰撞、博客);参加区体育游戏评比等活动,进一步提升组内教师专业素养,为教学实践做好保障。

五、拓展运动实施策略

(一)根据学生身心发展特点运用拓展运动游戏

小学阶段正是少年儿童生长发育的阶段,不同年龄学生由于身体素质及心理状况的不同,学习兴趣也有所不同,因此在选择活动内容上也表现出不同。教师根据这些特点,在阳光体育学习实践中,有针对性选择一些符合各年龄段学生特点的项目穿插进去,既活跃了课堂气氛、增强学生兴趣,同时又让学生掌握了体育基本技能。如针对水平一的学生,引入益智性拓展运动中的团队热身、熟悉姓名、你演我猜、请朋友、您好、黑猫白猫、炒蚕豆等内容。针对水平二、水平三的学生,引入一些具有挑战性而且活动量较大的项目,如校园越野识途、校园拓展活动竞赛、神奇小马车、叫号跑、齿轮转、袋鼠比赛、轮胎拔河、旋风跑等,使学生在游戏中锻炼身体,增强体质,体验团队练习乐趣。

【案例呈现】小学水平一、二的学生方向判断能力较差,队列原地转向教学练习,往往使学生感觉厌烦。实践中,教师运用自创拓展运动游戏《丛林追捕》,引导学生有效进行方向感练习。将学生排成四列体操队形,另外选两名或四名队员,在"丛林"中互相追逐。教师将原地转向的口令融入游戏中,如:听到向左转,模仿丛林的学生集体向左转90°,使原来的横向通道变成纵向通道,追逐的同学应立即变换方向继续追逐。教师可根据需要不断进行口令变换和人员调整。

【案例剖析】在新课程改革背景下,教师要尝试采用多种练习策略、方法,引领学生主动参与体育学习,掌握体育技能。通过教学情境的创设,运用自创性拓展运动游戏使枯燥的队列练习充满了活力,不仅巩固了学生队列动作技能,同时也提高了奔跑能力。

(二)根据季节气候情况运用拓展运动游戏

由于杭州梅雨季节时间较长,以往雨天的体育课常常用下棋、讲故事等来应付,而引进益智性拓展运动后,雨天的体育课变得丰富多彩。如小主持人竞赛、队文化竞赛、思维体操、猜拳跨步、捉龙尾、斗鸡、急救技能、地雷、抢四角、炒蚕豆等体育游戏项目,在练习的过程中,既锻炼了学生身体的灵活性和协调性,又培养了学生合作、合群、友爱的品质。

【案例呈现】雨天室内体育课教学

名称:急救技能

方法:教师发给各队一套急救箱,然后创设一个发生运动意外的场景,学生听口令后来到"急救区",区内有四名标有号码的"受伤队员",引导学生首先判断他们属于何种伤情(擦伤、出血、骨折、中毒、感染),然后对他们进行包扎、固定、止血或消毒等处理。看谁处理正确、动作熟练、技术过硬。

【案例剖析】通过雨天室内体育课引入益智性的拓展体育游戏,使学生在愉快的氛围中学习体育健康知识,并与活动性、体验性拓展活动进行衔接,提高团队学习能力。

冬春季节,天气寒冷,为了使学生能主动积极投入体育锻炼中,教师安排了一些趣味性强但运动量不是很大的体验性拓展运动游戏,如水平一阶段学生找春天、闪闪红星、风火轮、蜈蚣行、盲人向导;水平二阶段学生的动力火车、信任靠、同心协力、快乐转盘、同步卫星;水平三阶段学生的信任后倒、千手观音、电网逃生、花样练习赛、勇气登陆车、过湿地等。通过这些拓展运动游戏,初步改变了以往冬季学生怕冷不爱动的局面,使学生在学到体育知识的同时,提高了合作、创新的能力,达到了体育教学的预期目标。夏秋季节,天气干燥晴朗,学生的衣服穿得少了,身上的束缚少了,练习起来特别轻松。因此,安排活动性拓展运动游戏,如校园越野识途、校园拓展活动竞赛、地道战、欢乐伞、跨赶轮胎、打靶等,让学生在户外感受阳光运动与团队游戏的快乐。

（三）联系生活实际运用拓展运动游戏

时代性强是现代体育教育的特点之一,体育教学与生活密不可分。教学中,联系学生生活实际,从六大创编原则出发,通过学学、练练、编编、比比的方法,合理创编、运用拓展运动游戏,例如:迎奥运系列游戏、抗击雪灾系列游戏、抗震逃生系列游戏、拓展运动亲子游戏、居家疫情防控锻炼游戏等。

【案例呈现】抗震逃生游戏

游戏名称:逃出险境（水平三）

学习目标:通过游戏,使学生体验爬行逃生技巧,进一步理解集体单、双脚跳跃落地方法。发展学生的跳跃能力、灵敏素质,增强腿部力量,提高协调性及平衡能力;提高同伴间团队合作意识。

游戏准备:学校操场 30 米×10 米的场地,呼啦圈 24 个,小垫子 24 块,标志物 4 个。

游戏方法:游戏之前教师充分创设情景,并先将小垫子分成 4 组成纵向平铺在场地上,将全班学生分成 4 组,每组 7 人,其中 1 人站在排头,另 6 人每人手持呼啦圈蹲在本组小垫子的左侧,并将呼啦圈放立在小垫子上。游戏开始后,每组排头快速爬行钻过每个呼啦圈至队尾,并帮助队尾同伴持呼啦圈,其余同伴依次向起点递进一位,直到每位同学都轮完。最后,每组学生在起点前后成纵队站位,每队除第一个同学外,其他同学的双手搭在前一同学的肩上,以最快速度向终点跳跃前进,最后用时最短组为胜者。

变通与拓展：此游戏除了采用单、双脚跳的形式，还可用跑、直立走、蹲着跳的方法。为了增加游戏的趣味性和难度，可采用蹲着"鸭子状"行走，还可以进行除排头外每名学生将前面同伴的小腿提起单脚跳的形式。根据要求变化，此游戏可适用于各水平阶段学生练习。

【案例剖析】如何使体育教学贴近学生生活实际是我们一直思考的问题，学生是富有生命和个性的个体，我们的体育课不仅要满足更多学生参与锻炼身体的需求，更需要通过运动释放激情，掌握体育技能，提高生活、生存的能力。迎奥运、抗击雪灾、抗震逃生等游戏均是从生活实际出发将奥运知识、逃生训练和发展身体基本活动能力相结合，使学生通过游戏提高运动技能，感受团队合作的重要性。通过收集、整合，项目组创编拓展运动系列游戏，吸引了学生们的积极参与，与生活紧密结合的体育课更具活力、更富有实效。

又如，为了应对新冠病毒疫情，根据教育主管部门"停课不停学"的要求，在非常时期创编居家抗疫健身游戏帮助学生居家锻炼，保持健康的体魄，为特殊时期体育教育教学提供有益的启发和指导。

【案例呈现】居家抗疫健身游戏

游戏名称：居家亲子游戏

游戏目标：抗击疫情期间，通过创编亲子锻炼游戏，引导家长和孩子在共度美好亲子时光的同时，调适身心，进一步提升孩子的专注力和运动能力。

游戏准备：纸杯、瑜伽垫1块、圆圈1个、2～3平方米家庭空间。

游戏方法：游戏一，俯卧撑叠叠乐，这个练习锻炼孩子的上肢力量。方法是将12个纸杯，放在圆圈中，两人呈俯卧撑姿势，看谁用最短的时间完成纸杯的"山"字造型。游戏二，坐撑套套乐，该练习锻炼孩子的腰腹部力量。游戏开始两人呈坐撑双脚离地姿势，看谁用最短的时间完成自己这一排6个纸杯的套叠。游戏三，听方向快速反应，该游戏锻炼孩子的听觉和手脚的协调性。游戏方法是在家庭小空间里，两人做小碎步准备状态，当听到方向词的时候，快速选择方向站位，方向找对后回到面对面并击掌。方向词：右边、左边、后面等，连续喊6～8次方向，每次两组。游戏四，气球追追乐，该游戏锻炼孩子的视觉和手脚协调性。游戏方法是准备一个气球。游戏开始时家长先牵动气球,让孩子看到气球飘动的位置,然后用脚去踢气球,让气球重新飘起来,连续10次,每次两组。

变通和拓展:以上游戏可以根据家庭的场地空间灵活掌握和调节。各种练习,如:腰腹力量、拍手拉伸、身体协调性、花样开合跳、控腿过杯练习、俯/跪卧支撑、上步拍手节奏、双人开合跳、趣味仰卧起坐、双人组合等。动作简单易操作,并可以根据自身能力增减调整。运动前后需进行适当准备活动和放松拉伸练习。

【案例剖析】居家抗疫健身拓展练习要根据家庭和学生的实际合理设计,注意健身安全第一。在设计时要注意教学资源的专业性和科学性,同时要做到以下几点:一是动作简单易学。体现由简到复杂、由慢到快的特点。二是方法灵活多样。针对学段特点,结合居家的实际,选择常见小器械或合理利用家具,从单一游戏到组合游戏,再到亲子共同练习,进行序列化设计。努力从单元的角度来设计、编制居家体能锻炼单元,并配短视频,演示练习方法,并要求每天相对固定时间锻炼30分钟以上。三是锻炼科学有效。设计者讲解示范要清晰,动作要规范正确,明确目标,注重激励反馈。四是注重安全意识提升,做好安全提示,注重学习延伸。五是团队合作,有效沟通。及时发现问题,解决问题,相互促进,形成良好的团体氛围。总之,在抗疫的非常时期,通过体育教师的专业引导,促使更多的家庭关注体育锻炼,动静结合、劳逸结合,让更多的学生和家长慢慢养成锻炼的良好习惯。

(四)引入"雏鹰争章"激励机制,完善拓展运动评价

在阳光体育实践中,引进少先队"雏鹰争章"激励机制,完善体育教学过程评价,使学生参与拓展运动游戏更具积极性、有效性。在各水平阶段根据学生参与情况,主要设置了勇敢章、炼能章、合作章。只要达到前面各章的基础上,再获得一定次数的校级团队竞赛奖励即可获得综合奖励章——拓展运动章,计入学生体育学习评价内容之一,并与少先队"雏鹰争章"活动相结合。将"雏鹰争章"激励机制与学生体育学习评价相结合是一种新的尝试,此举有效激发了学生参与拓展运动的热情(见表4-2-3)。

表 4-2-3　水平一至水平三拓展运动章评价激励

水平阶段	勇敢章	炼能章	合作章	拓展运动章（综合奖章）
水平一	1. 具有积极参与体育活动的态度和行为，能积极参与拓展运动学习 2. 累计参与 10 次以上拓展运动游戏	1. 了解拓展运动名称，如找春天、闪闪红星、风火轮、蜈蚣行、盲人向导等 2. 在一学期参加拓展运动游戏中获得加分 20 分以上	1. 在拓展运动练习中获得愉快的运动体验。能初步和同学配合完成动作 2. 一学期练习的不同伙伴达 10 人次以上	获得前面三项奖章的基础上，在校级团队竞赛中获得一次以上奖励
水平二	1. 在老师引导下能积极参与学习、展示活动。提高身体基本运动能力 2. 累计参与 12 次以上拓展运动游戏	1. 初步理解拓展运动游戏的练习方法，如动力火车、信任靠、同心协力、快乐转盘等活动方法 2. 在一学期参加拓展运动游戏中获得加分 25 分以上	1. 初步理解体育活动与自尊、自信的关系 2. 一学期练习的不同伙伴达 12 人次以上	获得前面三项奖章的基础上，在校级团队竞赛中获得二次以上奖励
水平三	1. 主动参与学习、展示、创编拓展运动游戏，发展体能，提高速度、灵敏、力量平衡等综合运动能力 2. 累计参与 15 次以上拓展运动游戏	1. 基本学会拓展运动游戏练习方法，如信任后倒、千手观音、电网逃生、花样练习赛、勇气登陆车等游戏 2. 在一学期参加拓展运动游戏中获得加分 25 分以上	1. 在学习中具有合作精神，尊重与关心他人，具有坚强的意志品质 2. 一学期练习的不同伙伴达 15 人次以上	获得前面三项奖章的基础上，在校级团队竞赛中获得三次以上奖励

（五）开展趣味竞赛，将拓展运动向课外、社区延伸

通过组织丰富多彩的趣味竞赛活动进一步激发学生参与热情。在实践中

根据学生需要将"阳光体育"大课间分为两部分,除了完成规定的广播操之外,每周开展两次主题为"我运动,我能行"的拓展运动进课间活动,将部分整理、创编的游戏进行运用,学生在教师带领下主动练习、互助合作,练习效果非常好。

传统的课外体育活动内容已不能满足学生的需求。根据学生喜爱参与社团活动的特点,课题组在全校组建了阳光体育游戏社团,进一步丰富学生课外参与体育锻炼的形式和途径。社团的指导教师由有一定体育特长的班主任、体育教师、家长组成,他们利用课外体育活动时间进行拓展运动游戏锻炼,吸引了大批的学生参与。学校阳光体育游戏社创编的迎奥运游戏系列成为了浙江省校园红领巾快乐健身活动推广项目,获评浙江省校园红领巾快乐健身游戏一等奖、杭州市健身游戏评比二等奖。学校游戏社队员参加"阳光伙伴""动力火车"迎奥运游戏竞赛获省、市优胜奖的好成绩。项目组在近两年的实践中,先后开展了拓展运动游戏周、拓展运动知识培训、与社区互动亲子嘉年华等活动。教师、学生、家长都参与到活动中,使拓展运动向课外、社区延伸,成为家校联系的桥梁和纽带。

六、拓展运动游戏实施建议

（一）选择内容符合需求

任何一项拓展运动游戏均有特定的内涵,只有根据学生身心发展特点和阳光体育学习需要进行选择、处理,才能有助于学生更好地发挥潜能,展示自我。因此,这就需要教师提前了解学生,做好教学准备,取得事半功倍的效果。

（二）注重联系生活实际

拓展运动源于生活,是教学取之不尽的源泉。随着现代生活方式和内容的不断变化,各种新兴的拓展运动游戏不断涌现。教师要善于观察,从生活中汲取更多的营养,创编出适合自身和学生的教学内容,丰富课堂教学。

（三）提高基本学习能力

体育教育是一种心灵对话,是一种人格感召,是一种生命唤醒,只有充分调动学生学习的积极性,遵循运动规律,关注学生的多样化需求和发展,才能让我们的阳光体育课堂凸显生命的灵动,成为孩子强健身体、放松心理,培养自信和团队合作意识的舞台。教师要加强对拓展运动的理解和学习,不断推陈出新,改进内容和方法。努力引领学生掌握最基本的运动技能,促进身心素养的全面提升。

拓展运动游戏在实践中所表现出来的趣味性、体验性、普及性、简便性、层次性、健身性等特点符合学生身心发展的规律,符合素质教育对学校体育教学改革的要求,符合"以人为本"和"健康第一"的指导思想,深受学生喜爱,得到学校领导及教师的支持,达到了促进学生身心健康、增强体质、培养团队精神的目的。因地制宜、因人制宜地运用拓展运动游戏,能有效开发阳光体育教学功能,提高学生的体育意识和身心发展水平,磨炼意志,培养团队合作精神,促进全面和谐发展。拓展运动游戏为学生阳光体育学习开辟了更为广阔的空间,构建了充满生命活力的阳光体育大课堂,从而达到增强学生体质、提高运动技能、丰富校园文化生活的目的。

第三节　全员运动会创新设计

强化学校体育是实施素质教育、促进学生全面发展的重要途径,对于促进教育现代化、建设健康中国和人力资源强国,实现中华民族伟大复兴的中国梦具有重要意义。党中央、国务院高度重视学校体育,党的十八届三中全会提出"强化体育课和课外锻炼,促进青少年身心健康、体魄强健"的23字方针,对强化体育课和课外锻炼作出了重要部署,对加强学校体育提出明确要求。近年来,各地、各部门不断出台政策措施,加快推进学校体育,大力开展阳光体育活动,学校体育工作取得积极进展。学校运动会是校园体育活动的重要内容,是学校体育工作评价与检测的重要组成部分。令人遗憾的是,目前不少中小学校园运动会仍沿用着数十年的老套路、老模式,组织者的思想观念没能跟上时代发展的需求,竞赛项目的设置、组织方法、管理措施等落后于现实的需求,缺乏新颖性、学习性、全员性、社会性、教育性。为此,我们要从社会、学校和学生发展的角度去审视中小学校园运动会的现状,找到存在的问题并分析其原因,进而为中小学校园运动会提供改革建议,促进校园阳光体育活动的蓬勃开展。

一、全员运动会的内涵

全员,顾名思义为全面、全部、全体。全员运动会,就是全体师生人人参与的体育活动,体现的是以人为本的理念,是集竞技、竞智与趣味于一体的活动,也是新时期集体主义教育的有效载体。

全员运动会是一个全新的体育运动概念,最初起源于日本。全员运动会是一项颠覆传统思维和教学方式的重要改革。全员运动会是针对中国传统中小学运动会"极少数人在跑,大多数人在晒太阳"的现象进行的改革;是为了打破一年一度的学校运动会"与日常的体育教学脱节""与家庭教育、与社会教育脱节""与校园文化建设脱节""与各学科教育脱节""与学生品行教育和规范养成脱节""与'体育一校一品'建设脱节""与《国家学生体质健康标准》达标脱节"等现状而提出的,是学校体育教学整体改革的"切入点"和"突破口"。

全员运动会有全员性、亲子性、趣味性、集体性、挑战性等特点,为了打破以往运动会存在的"少数人在跑、多数人在看"的旧模式,转变"简单游戏、不需锻炼、不结合教学"的观念,实践中把一至六年级学生按班级分成蓝、黄、橙、绿、红、白六队,每个队根据各个年级的特点分组参加十余个项目的比赛,按照各比赛项目的规则和积分办法累计得分,总分最高的队为优胜队,颁发"优胜旗"。班级数较多的学校可多增设1～2面优胜旗。

二、全员运动会的依据

全员运动会具有明显的时代特性,全员运动会的基本理念符合当代学生身心发展和校园阳光体育活动的诉求。

(一)全员参与性

全员运动会有很高的集体参与度。班主任、各学科教师甚至校长都要和学生一起参加活动和比赛,让活动尽量做到一个都不少。

（二）教育相融性

全员运动会中所有的活动都具有强烈的导向性，引导学生积极参与，寓教于乐。全员运动会充分利用奖惩手段进行倡导文明、遵守规则、团结友爱、不畏艰苦、拼搏精神的教育。通过精心设计，促进学生遵守规则等文明行为养成，特别在整队集合的快、静、齐，集体的互助与声援，同学间的互相爱护，对家长和教师的尊敬，安全意识整洁意识的加强，有头有尾的工作态度等方面得到提升。全员运动会还有很强的仪式感和美感，体现在开幕式庄严、有序、活泼和感人，体现在音乐、美术、场地、器材、竞赛程序等方面的完美融合。

（三）趣味延伸性

全员运动会采用全新的比赛模式。全员运动会既反对以往成人化枯燥的比赛项目设置，也反对没有难度的、过于简单的纯趣味性比赛，要让学生在新颖的、竞争性强的、具有挑战难度的比赛中享受挑战和竞争的乐趣。全员运动会是体育教学质量的大评比和大总结，是学校的一场盛典、一个节日和一次总检阅。学生在运动会中的卓越表现来自平时坚持不懈地学习与锻炼，比赛成绩和学生优秀素质反映出学校平时的体育教学水平和全体学生的广泛参与度。

（四）社校联动性

全员运动会邀请学生家长参加比赛和观摩，还邀请社会贤达以及周边社区的人士参加。通过家长和社会人士的参与，形成社会对学校教育的监督和反馈机制，促进家长和社会对学校教育的理解与支持，从而促进学校教育与社会教育的深度融合。

三、全员运动会创新设计的原则

（一）全员参与原则

全体学生、教职工、学生家长以及学校领导全员参加，让每个学生、每个教师、每个家长成为学校运动会的主人。项目都是大集体性的项目，是几十甚至上百人同时参加的比赛，强调大集体竞争气氛，也确保所有的学生都有参加比赛的机会。

（二）文明规范原则

所有比赛项目都有清晰的规则和明确的要求，现场广播员解说中随时表扬、提醒和批评，举办文明规范的运动会。

（三）安全第一原则

比赛项目都具有一定的难度和挑战性，运动会前在教学中虽然都多次练习过，但是，比赛时必须考虑到学生的技能水平和身体素质情况以及竞赛的激烈程度，仔细斟酌每一个细节的安全问题，做到"在安全中挑战和进取"。

（四）节约自律原则

运动会主张厉行节约，利用已有的场地、器材和用具，因陋就简、因地制宜，力避奢华和铺张浪费。运动会强调学生的自我管理和自我教育，运动会的裁判、记录、录像、器材搬运、场地整理、主持词撰写、广播宣传、家长接待、嘉宾服务等都以学生为主，提高他们的自我管理能力和综合管理能力。

（五）创新挑战原则

全员运动会的项目让人耳目一新、萌劲十足、充满动感、富有挑战，从而形成独特的富有创意的比赛项目和内容体系。

四、全员运动会的内容

全员运动会有一些规定内容，具体如下。

（一）开幕式

集合、列队入场、主持人宣布运动会开始、介绍来宾和家长代表、升国旗、奏唱国歌、升校旗、奏唱校歌、校长讲话、运动员宣誓、裁判员宣誓、优胜旗入场（上届运动会的优胜队交还给大会）、校长宣布本届运动会比赛与展演开始。

（二）开场操

开场操由素质操、形体操、武术操、排舞、健美操、基本体操、瑜伽等内容编成，并配上优美激昂的音乐，由全体学生参加表演。

（三）过场展演

比赛前可由各个队的啦啦队进行啦啦操、快乐体操、足球等学校体育特色项目的展示和表演。体育社团、代表队、家长团体、社会人士的体育展示表演合理穿插在各个比赛项目进退场之间的空隙。

（四）进行比赛

根据场地的情况，注意合理穿插各个年级的比赛，要考虑比赛的节奏和氛围。

（五）裁判长公布各队的总成绩和名次

（六）校长向优胜团队的代表颁发优胜旗并讲话

（七）全校集体舞蹈

当全员运动会结束时，全体师生通过共跳快乐、轻松的集体舞蹈愉悦身心，放松自我。

五、全员运动会的准备

为了充分做好赛前的准备工作，全员运动会前的两个月学校就要公布运动会的比赛和表演项目，以促进各个班级在完成基本体育教学任务之后进行充分的赛前身体素质锻炼和技能学习。同时，根据入场式、开场操，各个比赛、展演所需要的技术进行锻炼和合操，还要鼓励各个班级和团队自编、自创啦啦队的啦啦操节目。

体育教研组要对全员运动会的比赛场地、器材进行精心的准备与检查；美术教师要对比赛当天校园的文化氛围做出设计；音乐教师要编辑好配乐，并反复试放；负责主持的教师要用心撰写当天的解说词等。

全员运动会对体育场地的要求并不比传统运动会的要求高。相反，由于取消了铅球、跳高、跳远等诸多的竞赛项目，对场地的要求甚至更低。因此，全员运动会更适宜一些场地条件受限的老城区校园开展，是值得大力推广的新型校园运动会形式。

一般来说，千人规模的学校，具有宽 50～60 米、长 70～85 米的场地就可以开展几乎所有全员运动会项目了。场地以塑胶、油漆涂料的地面为最好，人工草坪也不错。

全员运动会有如下一些特殊的道具。

（一）优胜旗：颁发给优胜团队的旗帜，为流动奖旗，上面系有标志以往各届运动会的优胜团队的彩带(见图 4-3-1)。为突出颁奖的气氛,优胜旗应做成可以举起和立起的锦旗形式,在全员运动会的比赛过程中,优胜旗应矗立在主席台显眼的位置上,以激励同学们努力拼搏争取夺旗的意志。

图 4-3-1　优胜旗

　　(二)入场门和退场门:全员运动会的最大特点是参加人数众多,上百人参加一项比赛是很常见的情况。为了使同学们的入场和退场更加整齐、快捷、有序、安全,一般要设置"入场门"和"退场门"。入场门和退场门的设置要有利于学生的集结以及迅速回到班级的座位。入场门和退场门通常设置在场地两端空旷处(见图 4-3-2)。

图 4-3-2　入场门和退场门

（三）比赛计分牌（屏幕）：实时展示各队比赛情况的计分牌。条件好的学校可以采用 LED 显示屏，一般也可以采用计分牌、小黑板等显示方式（见图 4-3-3）。

图 4-3-3　比赛记分牌

（四）"投包入筐"的篮筐：篮筐的高度可以调节，以便适合不同年级的学生以及不同比赛的要求（见图 4-3-4）。

图 4-3-4　"投包入筐"的篮筐

（五）大球："滚大球"和"集体托大球"比赛中的道具，为充气的球体，外表整洁光滑，直径 1.5 米左右，两三个同学可以搬动的重量。大球可以通过网络购买（见图 4-3-5）。

图 4-3-5　滚大球

（六）其他器材：旋风跑项目的竿子可以用长度适宜的竹竿、PVC 塑料管等制作；猪八戒抬西瓜可以用木棍或者高跷的竿子代替（见图 4-3-6）。

图 4-3-6　其他器材

六、全员运动会的计分

全员运动会采用"跨年级同班级编号"的编队方式进行比赛。编队方式为：一年级（1）班、二年级（1）班、三年级（1）班、四年级（1）班、五年级（1）班、六年级（1）班组成一个比赛团队并取队名，如"蓝队"；将一年级（2）班、二年级（2）班、三年级（2）班、四年级（2）班、五年级（2）班、六年级（2）班组成另一比赛团队，如取名"红队"；将一年级（3）班、二年级（3）班、三年级（3）班、四年级（3）班、五年级（3）班、六年级（3）班组成第三个比赛团队，如取名"黄队"等，以此类推。

这样的计分方式可以将各个年级的同学联为一体，改变"高年级不爱看低年级的比赛，低年级不关心高年级的比赛"的年级间相互脱节的现象，使每项比赛与每个同学都有关系,让每个同学都会为比赛激动、加油、助威。

七、全员运动会任务分工

全员运动会有如下特定事项需要相关人员事先安排和训练。

（一）校长：开幕式讲话、颁发优胜旗、参加比赛；

（二）裁判长：实时统计和公布成绩、决定罚分处理、公布总成绩、仲裁裁判疑难问题；

（三）副裁判长：可以由家长代表担任,协助裁判长工作；

（四）主持人：由一名男教师和一名女教师担任,负责运动会活动程序的主持、公布成绩、鼓动等工作；

（五）裁判员：由体育教师、家长、部分高年级的学生担任,负责各个比赛的裁判工作,负责计分牌的计分和更新工作；

（六）志愿者：由教师、家长、部分高年级的学生担任,负责各个比赛的场地清理和器材布置等工作；

（七）安全员：由教师、家长、部分高年级的学生担任,负责一些带有危险性的比赛项目过程中安全保护等工作；

（八）其他：如音响师、各班的啦啦队队长、家长团队队长等等。

八、全员运动会注意事项

全员运动会是一项具有很强创新性的改革工作,因此必定会有一些新的工作难点,需要在准备时加以注意和克服。

（一）开场集体操中有一些较高难度的基本体操动作,如劈叉、倒立、叠罗汉、下桥、肩肘倒立等动作需要学生有良好的身体素质,这需要日常的体育教学中增设相关项目体能课练习内容,注重学生基本素质的锻炼。

（二）全员运动会充满活力的健身开场操,要动作整齐、有气势,气氛热烈,伴奏音乐要走心。

（三）全员运动会结束阶段要安排一场欢乐的集体舞,舞蹈动作简单易学,大家跟着音乐都会跳,让运动会的结束阶段形成高潮,汇成一个运动欢乐的海洋。

（四）邀请尽可能多的家长参与，邀请相关领域的嘉宾参加，要提前做好沟通工作，这要求学校具有很好的沟通、协调能力。

（五）由于运动会规模大、项目多，涉及全校师生，组织工作繁重，因此做好安全保障是全员运动会成功的关键。

九、全员运动会的总结

全员运动会的结束阶段应该形成一个高潮。无论优胜队伍还是失利的队伍都应情绪饱满，因此校领导的总结讲话非常重要，一定要把失利团队师生不服输的精神调动起来，要让他们的喊声比获胜的团队还要响亮激昂。

最后，舞蹈的音乐一响起来，所有的教师就要迅速地来到同学中间，带领自己的孩子们一起跳舞，一起欢乐，一起歌唱；此时校长也要来到同学们中间；司仪也要鼓励家长们来到孩子中间，家长找到自己的孩子，和他们一起跳舞，一起欢乐，一起歌唱。此时，整个操场成为一个阳光灿烂、欢乐和谐、歌声响彻、充满亲情和友情的海洋。

十、全员运动会的延伸

全员运动会不仅是运动会的改革，而且是学校素质教育的突破口，是校风校貌优化的切入点。全员运动会开过以后，学校应该抓住机遇，做好以下工作。

（一）保留2～3个富有特色的素质操，让学校的大课间活动内容变得丰富多彩、焕然一新。要引导师生积极认真、持之以恒地加以练习。

（二）保留运动会的集体舞项目，师生们个个都会跳；日常结合课间活动进行练习。具有活力和韵味的集体舞蹈进一步丰富同学们的学习和生活。

（三）要做好学生日常队列训练，保持整齐划一；使学生日常养成教育的内容更加具有针对性、丰富性，使学生精神面貌焕然一新。

（四）全员运动会的规则意识应该延伸到学校其他教学活动中，让学生们进一步敬畏学校的各项规章和制度，引导学生的行为进一步文明、规范。

（五）学校体育课要持续改进、提升，进一步丰富所教所学内容，提升体育课堂练习密度和运动负荷，促进体育教学质量明显提高。

（六）引导全校教师更加关注学生身体健康状况，关注学生的运动技能；关注身体超重的学生和体质较弱的学生；关注柔韧、力量、耐力和速度素养较差的学生。开展分层练习，促进每一个孩子努力提升体质和运动能力。

（七）通过参与全员运动会征文、绘画、摄影等活动，展示丰富多彩的运动会过程，以及精彩的花絮和故事，提高孩子们体验运动的乐趣、感受美的能力。

（八）音乐组教师，负责梳理好全员运动会乐曲，收集更符合运动会实际需求的音乐，为改进、创编新的集体放松操做好准备。

（九）体育组教师要及时总结得失，讨论下次全员运动会要增减的项目；讨论开场操如何能做得更整齐、更具锻炼实效。研讨体育课应该如何结合运动会进行更有效的练习，成为最具创新的体育教学团队。

（十）学生家长通过参加全员运动会，对学校的教育理念有了更加深入的理解，对学校增强学生体质健康的工作更加支持。通过家庭体育作业的形式让体育活动向家庭进一步辐射和延伸，学校体育教育和家庭体育教育更全面地结合在一起。

全员运动会是一个很有生命力的教育平台，其生命力来自于项目的不断创新，来自于比赛形式不断优化，来自于教育因素的不断导入，来自于音乐美术教育与体育教育不断交融，来自于参加的学生人数不断增加，来自于家长更多的理解和支持，来自于同学们打心里期盼着下一届全员运动会。当然，这一切反映了学校体育教学改革的成果是每一位教师辛勤工作的结果。

附:《杭州市胜蓝实验小学蓝精灵·全员运动会秩序册》

一、竞赛规程

（一）指导思想

本次活动将以"科技益智、体育健身"为指导思想，以"全员·趣味·健康"为核心内涵，给孩子们创设展示个性和体魄的空间与舞台，激发孩子学习的潜能，展示孩子的特长；引导胜蓝的每一个孩子在体验、参与中学会合作，在活动中勇于拼搏，让每一个学生体验成功的乐趣，拥有健康的体魄。

（二）活动主题：让体育伴我成长　用科技点亮智慧

（三）活动时间：2016 年 4 月 28 日（具体视天气情况而定）

（四）成立首届体育科技节领导小组

组长：崔建军

总协调：张刚

副组长：项声菊、汪春燕、鲁国庆

组员：沈力伟、莫红芳、蔡武娟、楼春娣、孙霞飞、吴俊杰、全体体育教师、科学教师及班主任

（五）活动对象：全体师生

（六）活动地点：胜蓝实验小学东新园校区田径场（全员运动会）、东新园校区各班教室（科技大比拼项目）

流程：1. 集中入场准备；2. 8:10 开幕式全员操场集中；3. 一至三年级全员运动会竞赛（操场）、四至六年级科技大比拼（指定教室）；4. 中午休息（东新园校区学生在本班教室、阳光校区体育馆、综合教室、五楼多功能厅）；5. 13:00 开始：四至六年级全员运动会（操场）、一至三年级科技大比拼（教室）；6. 闭幕式操场集中；7. 分年级段、分校区放学。

（七）活动要求：详见后面第四项具体工作安排

（八）活动内容及具体安排（活动规则见附页）

全员运动会项目安排

活动序号	竞赛项目	参加对象	比赛形式及安排	项目负责人	评比办法
		上午			
1	开幕式（具体见秩序册活动议程）	全体师生	8:20—8:50	张刚、鲁国庆、吴俊杰	
2	蹦床项目展示	省体操队，蹦床队，校蹦床社团	集体展示 8:50—9:05	张云峰	
3	蓝精灵动动操展示	一至三年级全员参加，每班派一名教师代表	集体展示 9:05—9:15	吴俊杰、杨文	
4	投包入筐	一年级（32人，男女不限）	以班为单位竞赛 9:15—9:35	杨文、张云峰、许迪、各班主任	取前六名
5	啦啦操展示	学校低段啦啦操队 12人	9:35—9:40	杨文、傅碧雅	
6	齐心协力毛毛虫	二年级（每班选40人参加，10人一组，分成4组）	集体展示 9:40—10:05	陈卓斌、郑淑燕、各班主任	取前六名
7	钻山越岭开火车	三年级（每班选30人参加，10人一组，分成3组）	以班为单位竞赛 10:05—10:30	朱丽萍、郑淑茜、各班主任	取前六名
8	最长绳子（全体参与者身体成横叉，脚掌相连，比比哪班绳子最长）	一至三年级中学生数最少的班级人数为准，各班再选一名教师和三名家长参加（男女不限）	分年级以班为单位进行竞赛 10:30—11:00	一至三年级体育教师、各班主任	各年级分别取前六名
9	足球展示	三年级	集体展示 11:00—11:10	金依、丁洪来	
10	50米名次赛跑	一至三年级全员参加	分年级进行竞赛 11:10—11:40	一至三年级体育教师、各班主任	各年级分别取前六名

续表

活动序号	竞赛项目	参加对象	比赛形式及安排	项目负责人	评比办法
11	集体舞蹈	一至三年级全员参加	集体进行 11:40—11:45	周晓、俞佳颖、杨文、各班主任	

中餐:按总务处指定位置和具体安排分批有序进行用餐

下午

活动序号	竞赛项目	参加对象	比赛形式及安排	项目负责人	评比办法
1	蓝精灵动动操展示	四至五年级全员参加	集体进行 13:00—13:10	吴俊杰、杨文	
2	连连看	六年级(每班33人参加)	分组竞赛 13:10—13:30	吴俊杰、丁洪来、各班主任	取前六名
3	啦啦操展示	学校中段啦啦操队12人	13:30—13:40	杨文、傅碧雅	
4	穿越火线	五年级,每班选20人参加,2人一组分成10组	分组竞赛 13:40—14:10	吴俊杰、傅碧雅、郑淑茜、各班主任	取前六名
5	旱地冰球项目展示	四(1)班全员展示	集体展示 14:10—14:20	王惠超、杨文	
6	最长绳子(全体参与者身体成横叉,脚掌相连,比比哪班绳子最长)	四至六年级中学生数最少的班级人数为准,各班再选一名教师和三名家长参加(男女不限)	分年级进行竞赛 14:20—14:50	四至六年级体育教师、各班主任	取前六名
7	旋风跑	四年级,每班选30人参加,分成5组,每组6人	分组竞赛 14:50—15:10	张刚、杨文、傅碧雅、张云峰、各班主任	取前六名
8	空竹项目展示	四(4)班全员展示	集体展示 15:10—15:20	郑珂、张刚	
9	50米名次赛跑	四至六年级全员参加	分年级进行竞赛 15:20—15:50	各班级体育教师、各班主任	取前六名
10	集体舞蹈	四至六年级全体师生	集体进行 15:50—15:55	周晓、俞佳颖、杨文、各班主任	

续表

活动序号	竞赛项目	参加对象	比赛形式及安排	项目负责人	评比办法
11	闭幕式	一至六年级全体师生	颁发优胜旗 16:00—16:10	张刚、鲁国庆、吴俊杰	

科技大比拼项目安排(各班指定教室内进行)

活动序号	竞赛项目	参加对象	比赛形式及安排	项目负责人	评比办法
做胜蓝室内柔韧操,收看有关应急救护、健康、科技视频	活动身体,增进健康 走进科学,了解科学	四至六年级全体师生	9:00—9:55 各指定教室	班主任、科学教师	
微课	收看模型制作方法和比赛方法	四至六年级全体师生	9:55—10:15 各指定教室	班主任	
自制并放飞小飞机模型	空气动力车制作比赛	五至六年级学生	10:15—11:15 各指定教室	班主任	比赛规则见附件
	飞翼制作比赛	四年级学生	10:15—11:15 各指定教室	班主任	比赛规则见附件
做胜蓝室内柔韧操,收看有关应急救护、健康、科技视频	活动身体,增进健康 走进科学,了解科学	一至三年级全体师生	13:00—13:55 各指定教室	班主任、科学教师	
微课	纸飞机制作和标靶比赛规则	一至二年级学生	13:55—14:15 各指定教室	科学教师	
	飞翼制作和直航比赛规则讲解	三年级学生	13:55—14:15 各指定教室	科学教师	
模型制作和比赛	纸飞机制作和标靶比赛	一至二年级学生	14:15—15:40 各指定教室	班主任、科学教师	比赛规则见附件
	飞翼制作和直航比赛	三年级学生	14:15—15:40 各指定教室	班主任、科学教师	比赛规则见附件

（九）奖励办法

1. 承担展示任务表现出色的班级，颁发集体项目优秀展示奖。

2. 科技项目依据学生竞赛情况，由各班评出一、二、三等奖，上报学校给予奖励。

3. 全员运动会按照班级序列情况分为胜蓝 1 队至胜蓝 9 队等 9 支集体队伍，如一（1）、二（1）……六（1）为胜蓝 1 队。每支队伍累计各班参加年级竞赛单项得分情况评选出优胜队，授予优胜旗。获得优胜队的班级每班加 5 分计入班级总分。

4. 依据前期蓝精灵动动操竞赛办法，根据比赛成绩各年级分校区分别评出年级一、二、三等奖，分别按 18、14、12 分计入班级总分。

5. 全员运动会各单项竞赛分别取前六名给予奖励，并分别依据名次以 14、10、8、6、4、2 计入班级总分，按照各班级全员运动会组织安全有序、纪律卫生情况，分别加 10、7、5 分计入班级总分；按照科技项目组织安全有序、纪律卫生情况，分别加 10、7、5 分计入班级总分。最后，学校首届体育科技节将综合各项得分评选出各年级团体总分前六名的班级给予奖励。

二、组织机构

顾　　问：毛振明、李曙刚、余立峰

组　　长：崔建军

活动总协调：张刚

副组长：项声菊、汪春燕、鲁国庆

组　　员：沈力伟、莫红芳、蔡武娟、楼春娣、孙霞飞、吴骏杰、全体体育教师、科学教师及班主任。

负责运动会总策划、筹备、对接；各部门工作布置、协调对接；各比赛项目场地布置、项目衔接；裁判员、检录员、志愿者的协调管理等总体部署工作。

三、具体工作要求

(一)接待、宣传

负责人:崔建军、项声菊、沈力伟

具体负责邀请和接待教育局、督导室、街道、社区等领导以及媒体单位。负责活动的总体宣传工作,包括宣传横幅制作等。

(二)后勤保障

负责人:莫红芳、丁洪来、顾晓红

(1)根据竞赛项目的需要,制作、购买运动会期间所需的器材、物资(活动篮筐、学生自制沙包、标志桶、标志杆、低栏架、家长志愿者衣服租借、大垫子、小垫子、足球、体操棒、呼啦圈、优胜旗、哨子、指挥旗、进出场门、主席台背景)。

(2)学生中餐(包子、水果)、休息场地安排。

(3)科技节活动教室安排。

(三)技术保障

负责人:杨云俊、何聪翀、蓝林富

具体负责运动会音响、话筒调试,音乐播放、摄影摄像工作。

(四)竞赛管理

负责人:张刚、鲁国庆、吴骏杰、杨文、费理华

(1)运动会比赛项目选择和比赛方法的制订。

(2)比赛项目的规划衔接、时间安排;编排赛程,确保竞赛日程表的准确性和有效性。

(3)运动会、科技项目方案、秩序册的制订。

(4)裁判员的招募和选拔,并对其进行培训。

(5)负责场地的规划布置、项目地点的安排。

(6)运动会各项目衔接音乐的选择。

(7)比赛期间项目的控制、管理和发令。

(8)检录协调管理工作。

（9）负责比赛期间器材的安排布置。

（10）做好运动会后的总结工作。

（五）学生教育

负责人：汪春燕、楼春娣、袁云芳、张周周

（1）对班主任、学生、家长进行赛前安全、行为习惯、纪律教育,联系班主任做好家长志愿者、亲子项目报名,关注校区班级各项目的训练任务安排。

（2）整理运动会、科技节期间的摄影摄像资料、展板布置。

（3）校门口迎宾学生礼仪安排。

（4）比赛当天对各班学生安全、卫生、纪律情况进行评分,按 10、7、5 计入团体总分。

（六）比赛项目运行组、加油助威团

负责人：各年级组长牵头,各班班主任落实,副班主任配合。

（1）体育组、科技组教师在体育课、科学课上进行比赛项目规则的讲解；正副班主任在课余时间进行比赛项目的练习。

（2）做好赛前各项准备：落实学生参赛服装和队标贴；落实家长志愿者协助管理班级和参赛；协助落实家长志愿者参与裁判工作。

（3）落实比赛当天学生携带用品,如毛巾或泡沫垫（休息用）、水杯和书本等,其他物品不能携带。

（4）做好参赛组织工作,落实管理措施,做好学生安全、纪律、卫生教育。如：学生进场秩序,跑步要求动作一致,不推不挤,防止踩踏情况发生。

（5）加油助威团以班级为单位,带领班级学生通过肢体动作、语言及宣传板等形式进行加油助威；要与活动主持人、场内的同学互动,活跃比赛气氛。

（6）制作班级特色的小条幅和小标语。

（7）比赛当天阳光校区学生 7:30 到校,7:35 出发,到达东新园校区后,四至六年级直接进班放好书包,一至三年级直接到休息场地放好书包,随后到指定场地列队；东新园校区学生 7:40 到校,先进班集中,四至五年级将书包放在教室,7:50 全体进场,一至三年级将书包放在休息场地,随后到指定场地列队,8:10 运动会正式开始。

（七）安保交通

负责人:张刚、项声菊、汪春燕、莫红芳、丁洪来以及全体保安

(1)负责运动会期间的校园安全工作以及与交通、派出所等部门的联络工作。

(2)制订运动会期间的安全预案。

(3)做好学生运动会往返途中的人身、交通安全,协调好放学等各项工作。

(4)要求保安做好校园安保工作。维持校门出入秩序。

(5)全员运动会当天所有车辆一律停放在校外。

（八）医疗卫生

负责人:经晓红、赵建民以及保健医生 2 人

(1)落实中西医结合医院 2 名医务人员。

(2)负责运动会伤害事故应急预案制订与实施。

(3)负责比赛期间运动员的创伤应急处理工作。

（九）开闭幕式组

负责人:张刚、鲁国庆、吴骏杰、孙霞飞、林在叟

(1)负责运动会开闭幕式的议程。

(2)主持稿撰写、开闭幕式主持、赛场气氛调控等工作。

(3)走场彩排时间:略。

（十）卫生保洁

负责人:顾晓红、两校区保洁员

对接保洁工作人员,安排分工;负责运动会当天卫生工作。

（十一）运动会项目工作具体安排

裁判长:吴俊杰(具体落实竞赛项目安排、详见裁判工作分工)

裁判员:40 人

四、运动会会序

（一）开幕式

（1）运动员代表在场地站立等候，欢迎嘉宾入场。

（2）介绍来宾。

（3）升国旗、唱国歌。

（4）出校旗、出优胜旗。

（5）运动员、裁判员宣誓。

（6）校长致欢迎词并宣布运动会开幕。

（7）发射"新胜蓝梦想火箭"。

（8）颁发蓝韵课程精品培育项目奖牌。

（9）省体操队、校蹦床社团项目展示。

（10）一至三年级蓝精灵动动操展示，四至六年级退场参加科技项目大比拼。

（二）比赛和展示项目顺序（见竞赛规程、秩序册）

（三）闭幕式

（1）公布比赛成绩。

（2）授优胜旗。

（3）领导致闭幕词。

五、裁判分工

1. 裁判长：吴骏杰

2. 副裁判长：丁洪来、杨文

3. 检录长：朱丽萍、朱燕萍、实习老师2人

4. 裁判员：陈卓斌、杨文、郑淑茜、傅碧雅、沈力伟、毛萍、张云峰、何素君、马理

5. 发令长：丁洪来（兼）

6. 记录员：潘华琴

7. 送分员：胡洁子（学生志愿者2人）

8. 入场门秩序维护：保安1人（家长志愿者1人）

9. 出场门秩序维护：保安1人（家长志愿者1人）

10. 器材组长：吴骏杰、丁洪来、家长志愿者12人（着志愿服、戴志愿帽）

11. 裁判小组

(1)组长：杨文　　组员：家长志愿者2人

(2)组长：毛萍　　组员：家长志愿者2人

(3)组长：陈卓斌　　组员：家长志愿者2人

(4)组长：郑淑茜　　组员：家长志愿者2人

(5)组长：张云峰　　组员：家长志愿者2人

(6)组长：傅碧雅　　组员：家长志愿者2人

(7)组长：张伟明　　组员：家长志愿者2人

(8)组长：沈力伟　　组员：家长志愿者2人

(9)组长：何素君　　组员：家长志愿者2人

(10)组长：马理　　组员：家长志愿者2人

12. 核分、统分组、记分牌公布：余贵志、黄恩军

13. 音乐播放：何聪翀

14. 安全、纪律、卫生检查评分：汪春燕、袁云芳、张周周、保安

六、比赛项目的要求和规则

(一)最长的绳子(一至六年级亲子游戏)

(1)比赛方法：以班为单位组织参加比赛，每场比赛根据年级的班级数共划分7～10个班，音乐响起后，各班学生快速跑向正前方成横叉席地而坐，人与人的脚掌与脚掌相连，不能断开，否则判为犯规。每班3位家长1位老师最后参与其中，音乐结束时，看看哪个队连成了"最长的绳子"。且同一年级在一起比赛，家长志愿者和裁判员分别进行现场判罚，以连接最长的班级为最终获

胜方,取年级前六名给予奖励。

(2)比赛人数:以年级中学生数最少的班级人数为准(以秩序册编排组确定的参赛人数为准),各班再选 1 名教师和 3 名家长参加(男女不限)。

(3)人员配备:发令员 1 名,记录员 1 名,送分员 1 名,裁判员 10 名。

(4)评分标准:用时最短、绳子最长且牢固不断者为胜出,断开视为犯规。

(5)准备事项:提前落实参赛人员,积极开展赛前柔韧素质练习,比赛前做好准备活动。

(二)50 米名次赛跑(一至六年级)

（1）参赛人数：以年级人数最少班级的学生数减1～2人为参赛人数。

（2）比赛方法：学生按班级成一列纵队在准备线（起跑线后5米左右的位置）后蹲立，准备参加比赛。听到"各就位"时，各组第一人站在跑道的起跑线上做起跑准备，第一组接近终点时，第二组起跑响起，以此类推，直至全体学生跑完。根据参赛的班级数，每组最后三名不得分。比赛开始前由裁判长决定各年级各班的道次和组别。具体见秩序册。

（3）比赛场地：各年级在操场中间草地上进行。

（4）比赛器材：发令枪或口哨。

（5）裁判人数：发令员1名，终点裁判员12名（每条跑道1名，竞赛裁判长2名）。

（6）罚分方法：有抢跑的将被罚分。

（7）注意事项：终点裁判员判断名次要准确，事先需要一定的培训；起跑很重要，需要在体育课教学中进行学习和练习。各班学生参赛前做好适当的准备活动。

（三）投包入筐（一年级）

（1）比赛方法：每班各32名学生参加比赛。以班为单位进行比赛，比赛时32名学生从入场门入场后围绕篮筐外画好的圈站好，每组准备150个沙包，每人手中持有2个沙包，其余的沙包散落在比赛区域内，听到"预备"时做好准备，听到枪声后开始投包，投不进的可捡起再投，直到停止的枪声响起，枪响后要立即停止投包，否则将被罚分。比赛停止后，各组的裁判员开始计数，以投进筐多者为胜利。

（2）比赛人数：每班 32 人，一年级分 2 组进行，一（1）……一（5）先比赛。

（3）比赛时间：每组 2 分钟。

（4）人员配备：发令计时员 1 名，记录员 1 名，送分员 1 名，裁判员每组 2 名，家长志愿者每组 2 名。

（5）罚分方法：停止枪响后再出手的沙包每包罚 1 分，如进筐则每包罚 2 分。

（6）评分标准：以投中数量多少作为年级排名依据，取前六名，以 7、5、4、3、2、1 分计算到总成绩之中，后三名不得分。

（7）所需器材：6 个 2.6 米高的球架，每名参赛学生要求自制沙包，外包装要求一致，缝制要求牢固，写上姓名，内装米粒。每个沙包为 200 克。

（8）注意事项：不随意往其他方向投掷，注意安全。利用体育课和活动课提前进行练习，提前准备好器材。

（四）齐心协力"毛毛虫"（二年级）

（1）比赛方法：第一组学生先集体学毛毛虫向前爬行，爬出垫子后依次调转方向站到标志桶后面，双臂搭在前面同学肩上，一起兔子跳（双脚并脚跳），跳回起点，第一位和下一组第一位击掌，然后下一组出发，以此类推，直至四组完成，看哪组最先到达终点。

（2）比赛人数：每班 40 人，10 人 1 组，分 4 组参加比赛。

（3）人员配备：发令员1名，记录员1名，送分员1名，裁判员10名，志愿者5名。

（4）评分标准：以用时最短的为胜，以7、5、4、3、2、1分计入到总成绩中。

（5）所需器材：垫子8块，共8组；标志桶8个。

（五）钻山越岭开火车（三年级）

（1）比赛方法：每班选出30人参加，10人一组，分成3组。5人先并排做前撑搭成山洞，另外5人保持一路纵队快速钻过山洞；钻过之后前撑搭成山洞，待所有学生钻过山洞后，依次跳过前面的障碍；最后并排开火车，最快的班级为胜。

（2）比赛人数：每班30名学生，分3组，每组10人。

（3）人员配备：发令员1名，记录员1名，送分员1名，裁判员10名，志愿者5名。

（4）评分标准：每组比赛最终成绩为该队最后得分，并计算到总成绩之中。

（5）所需器材：操场中间场地，8块小垫子一组，10个标志桶。

（6）罚分方法：对集合和退场行动迟缓的、动作不正确、动作抢先、没有按顺序钻"山洞"的行为酌情进行罚分。

（7）注意事项：提醒学生在钻"山洞"时，不要莽撞，要注意安全，特别要防止碰撞到做"山洞"同学的头部。

（六）旋风跑（四年级）

（1）比赛方法：每班选派 30 名学生参加比赛，将 6 名学生分成一组，共 5 组。比赛时 6 人一组协作配合共同持有一根 PVC 管进行接力比赛。裁判发令后，每组 6 人同时出发，以最快速度向标志物跑，到标志杆前，以标志杆为轴心，转一圈，继续向下一个绕圈，绕完折返向回跑，回程时所有人举杆跑，进入到接力区域，将 PVC 管交接给下一组，下一组选手拿好 PVC 管后进行比赛，直到全队完成比赛。在比赛过程中，每个人都要拿着 PVC 管跑，PVC 管若掉下，则要捡回 PVC 管重新拿好后从 PVC 管掉落点继续出发。第一组学生跑回起点线后，第二组学生接过长杆继续赛跑，以此形成接力。待各队全体同学都跑完后，以比赛完成时间判定名次，决定胜负。

（2）比赛人数：每班学生 30 人，分成 5 组，每组 6 人。

（3）人员配备：发令员 1 名，记录员 1 名，送分员 1 名，裁判 10 名，志愿者 5 名。

（4）评分标准：每场用时最短的队伍为胜，取前六名计入总分。

（5）所需器材：PVC 管 5 根（2.5 米长度），标志杆 12 个，30 米距离。

（6）罚分方法：对在起点线之前位置交接杆的、对在中途有同学手放开杆落队的，在比赛中做出危险动作的都要进行罚分。

（7）注意事项：比赛需要很好的团队配合，要利用体育课、活动课进行演练；比赛时需要有耐力素质保证，需要动作协调一致；各组学生要尽量保持速度一致。

（七）穿越火线（五年级）

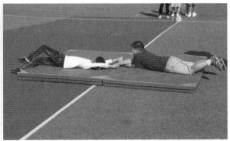

（1）比赛方法：裁判发令后，每队两人同时出发，以最快速度向器材跑，先爬行钻网，钻网时不能触及网。继续奔跑到大垫子前两人拉手躺在大垫子上做侧滚翻，回去时触碰标志，然后下一组开始，以此形成接力至最后一对学生。比赛结束，以各队完成比赛时间判定名次，决定胜负。

（2）比赛人数：各班级选出 20 名学生参加比赛。2 人一组，分 10 组进行。

（3）裁判人数：发令员 1 名，记录员 1 名，送分员 1 名，裁判 6 名，志愿者6 名。

（4）所需器材：发令枪，大垫子 8 个，3 个标准桶，12 个标志杆，4 个铃铛，4 条皮筋。

（5）比赛场地：能摆下三组设施，宽 30 米左右的场地。

（6）评分标准：以比赛完成时间判定成绩，取前六名。以 6、5、4、3、2、1 分计入总成绩之中。

（7）罚分方法：对集合和退场行动迟缓的、在起跑线以外完成接力的、有其他不安全和不规范行为的要进行罚分。

（8）注意事项：此项比赛需要两人密切配合，需要事先在体育课、活动课学习与练习，要提醒学生注意安全；在钻越障碍、双人滚翻时要保质保量，不要犯规。

（八）连连看（六年级）

　　（1）比赛方法：每班安排 33 人，分两排站立，前排 17 人手拉手蹲下，后排 16 人交错站在两手相连之间并将一条腿跨出前排同学两手相连位置，当准备口令下达后，前排起身，后排同学单腿悬挂在两手上，并将双手搭在前排两位同学的单肩上，比赛哨声响起，前排缓缓向前推进，后排同学单脚跳（悬挂的腿不落地），直至在最短时间整个队伍安全（不断开）最先到达终点为获胜。

　　（2）比赛人数：各班 33 位学生参加，分站两排，前排 17 位，后排 16 位。

　　（3）人员配备：发令员 1 名，记录员 1 名，送分员 1 名，裁判员若干。

　　（4）评分标准：前排手拉手，后排单腿挂于两手间，行进过程中比比哪组最快到达终点且不断开为准。以先完成的队为胜。依据完成时间分别取前六名以 6、5、4、3、2、1 分计入团体总分。

　　（5）所需器材：标志桶、标志杆各 8 根。

　　（6）罚分方法：对集合和退场行动迟缓的、中间断开未及时在原地连接的队伍要进行罚分。

　　（7）注意事项：此练习讲究团队配合，引导学生遵守规则，需要在体育课、活动课学习与练习;要提醒学生动作保质保量,不要犯规。练习时人数从少到多,跳跃、奔跑能力强的学生合理分配。

七、比赛项目日程安排

上午比赛秩序安排

日期	时间	项目
4月28日上午	8:20—8:50	开幕式
	8:50—9:05	蹦床项目展示
	9:05—9:15	蓝精灵"动动操"展示(一二三)
	9:15—9:35	投包入筐
	9:35—9:40	啦啦操展示
	9:40—10:05	齐心协力"毛毛虫"
	10:05—10:30	钻山越岭开火车
	10:30—11:00	亲子游戏:最长的绳子(一——三年级)
	11:00—11:10	足球社团展示
	11:10—11:40	50米名次赛跑(一——三年级)
	11:40—11:45	集体舞蹈
	11:45—11:50	上午活动小结
4月28日下午	13:00—13:10	蓝精灵"动动操"展示(四—五年级)
	13:10—13:30	连连看
	13:30—13:40	"啦啦操"展示
	13:40—14:10	穿越火线比赛
	14:10—14:20	旱地冰球项目展示
	14:20—14:50	亲子游戏:最长的绳子(四—六年级)
	14:50—15:10	旋风跑比赛
	15:10—15:20	空竹项目展示
	15:20—15:50	50米名次赛跑(四—六年级)
	15:50—15:55	集体舞蹈
	15:55—16:05	闭幕式

八、各竞赛项目分组和场地、道次安排

1. 投包入筐（一年级）共 2 组

参赛人数：每班 32 名学生

参赛时间	分组安排	参赛班级	场地安排	组织秩序
9:15—9:35	第一组	101—105 班	西南侧 101，东南侧 102，西北侧 103，东北侧 104，中间 105	操场中间及东南西北四角，101—102 先入场，后面依次跟上
	第二组	106—109 班	西南侧 106，东南侧 107，西北侧 108，东北侧 109	操场中间及东南西北四角，106、107 先入场，后面依次跟上

2. 齐心协力"毛毛虫"（二年级）共 1 组

参赛人数：每班 40 名学生，10 人一组，依次参加

参赛时间	分组安排	参赛班级	场地安排	组织秩序
9:40—10:05	共一组	201—208 班	按从西南第一组至西北第八组顺序：201—202—203—204—205—206—207—208	各班按班级顺序从北面入场口进，以西跑道为起点，由西向东进行比赛。201、202、203 先入场，分三批依次入场

3. 钻山越岭开火车（三年级）共 2 组

参赛人数：每班 30 名学生，10 人一组，依次参加

参赛时间	分组安排	参赛班级	场地安排	组织秩序
10:05—10:30	第一组	301—305 班	按从西南第一组至西北第五组顺序：301—302—303—304—305	各班按班级顺序从北面入场口进，以西跑道为起点，由西向东进行比赛。301、302 先入场，后面依次跟上，第二组类似第一组
	第二组	306—310 班	按从西南第一组至西北第五组顺序：306—307—308—309—310	

4. 最长的绳子(一至三年级)共 3 组

参赛人数:一年级 32 人、三年级 30 人、二年级 40 人;比赛顺序:一年级、三年级、二年级

参赛时间	分组安排	参赛班级	场地安排	道次	组织秩序
10:30—10:40	第一组	101—109 班	操场中间	1—9 道	道次与班号一致,如 101 班即第一道,进场后站在北侧,学生由南向北开始排列,101、102、103 先入场,后面依次跟上
10:40—10:50	第二组	301—310 班	操场中间	1—10 道	道次与班号一致
10:50—11:00	第三组	201—208 班	操场中间	1—8 道	道次与班号一致

5. 50 米名次赛跑(一至三年级)共 3 组

参赛人数:一年级 32 人、三年级 30 人、二年级 40 人;比赛顺序:一年级、三年级、二年级

参赛时间	分组安排	参赛班级	场地	道次	组织秩序
11:10—11:20	第一组	101—109 班	操场中间	1—9 道	道次与班号一致,如 101 班即第一道,进场后站在北侧,学生由南向北开始排列,101、102、103 先入场,后面依次跟上
11:20—11:30	第二组	301—310 班	操场中间	1—10 道	道次与班号一致
11:30—11:40	第三组	201—208 班	操场中间	1—8 道	道次与班号一致

下午比赛秩序安排

1. 连连看(六年级)共2组

参赛人数:每班33名学生,分2排依次参加

参赛时间	分组安排	参赛班级	场地安排	组织秩序
13:10—13:30	第一组	601—604班	按从西南第一组至西北第四组顺序:601—602—603—604	按班级顺序从北面入场口进,以西跑道为起点,由西向东进行比赛,601、602先进场,后面依次跟上,第二组类似第一组
	第二组	605—607班	按从西南第一组至西北第三组顺序:605—606—607	

2. 穿越火线(五年级)共2组

参赛人数:每班20名学生,2人一组依次参加

参赛时间	分组安排	参赛班级	场地安排	组织秩序
13:40—14:10	第一组	501—505班	按从西南第一组至西北第五组顺序:501—502—503—504—505	按班级顺序从北面入场口进,以西跑道为起点,由西向东进行比赛。501、502先进场,后面依次跟上,第二组类似第一组
	第二组	506—509班	按从西南第一组至西北第四组顺序:506—507—508—509	

3. 最长绳子(四至六年级)共3组

参赛人数:六年级33人、四年级30人、五年级32人;比赛顺序:六年级、四年级、五年级

参赛时间	分组安排	参赛班级	场地	道次	组织秩序
14:20—14:30	第一组	601—607班	操场中间	1—7道	道次与班号一致,如601班即第一道,进场后站在北侧,学生由南向北开始排列。601、602先进场,后面依次跟上,第二组、第三组类似第一组
14:30—14:40	第二组	401—410班	操场中间	1—10道	道次与班号一致
14:40—14:50	第三组	501—509班	操场中间	1—9道	道次与班号一致

4. 旋风跑(四年级)共 2 组

参赛人数:每班 30 名学生,6 人一组,依次参加

参赛时间	分组安排	参赛班级	场地安排	组织秩序
14:50—15:10	第一组	401—405 班	按从西南第一组至西北第五组顺序:401—402—403—404—405	各班按班级顺序从北面入场口进,以西跑道为起点,由西向东进行比赛。401、402 先进场,后面依次跟上,第二组类似第一组
	第二组	406—410 班	按从西南第一组至西北第五组顺序:406—407—408—409—410	

5. 50 米名次赛跑(四至六年级)共 3 组

参赛人数:四年级 30 人、五年级 32 人、六年级 33 人;比赛顺序:六年级、五年级、四年级

参赛时间	分组安排	班级	场地	道次	组织秩序
15:20—15:30	第一组	601—607 班	操场中间	1—7 道	道次与班号一致,如 601 班即第一道,进场后站在北侧,学生由南向北开始排列。601、602 先进场,后面依次跟上,第二组、第三组类似第一组
15:30—15:40	第二组	501—509 班	操场中间	1—9 道	道次与班号一致
15:40—15:50	第三组	401—410 班	操场中间	1—10 道	道次与班号一致

第五章　阳光体育活动实施途径

本章共三节,主要介绍学校阳光体育活动的内涵、现状分析、实施目标、实施细则等,并通过具体案例阐述开展阳光体育活动的实施路径。随着经济的不断发展、社会的进步,人们不再满足于单一的物质享受,而是希望通过参与各种文化和体育活动实现个人知识的积累和体质健康水平的提升。为了丰富校园体育生活,满足更多学生的差异需求,尊重个体差异,当下学校体育课程已由常规课程向"1＋X"的多种形式转变,体育特色也由"一校一品"向"一校多品"的模式发展。同时,"一班一品"大课间和课后体育活动是开展丰富阳光体育活动的有效途径。

第一节　"一校多品"体育拓展课程

一、"一校多品"的内涵与特征

(一)"一校多品"的基本内涵

我国伟大的教育家孔子提出"有教无类,因材施教"的理念,承认学生个性的差异和能力的高低,主张在统一的培养目标下,应该因材施教。

"一校一品"模式是学校根据自身特点、社会环境进行常规体育课程内容时,选择一项适合学校发展、契合学校实际的体育项目,并进行推广和实践,从而形成学校体育特色。

"一校多品"则是为了培养学生发展多项技能、考虑学生的多种兴趣,开展因材施教,从而促进学校体育多元化发展。"一校多品"是在"一校一品"的基础上,通过"1＋X"来实现体育拓展课程内容的丰富多样。

(二)"一校多品"的主要特征

"一校多品"相对于"一校一品"模式而言,有其自身的特点和优势。"一校多品"通过对学生兴趣爱好的了解和考虑学校自身的特点,根据项目的实施情况、发展状况、师生反馈等进行相应的调整。"一校多品"重点在多品,其项目内容丰富,可以根据学校品牌特点、地域特色、文化传统等进行合理项目设置。相比"千人一面"的"一校一品","一校多品"更有利于校园体育文化建设的多样性。"一校多品"能比较全面地考虑学生需求,设置一些学生感兴趣的项目,发挥学生自身的优势,让学生在体育拓展课程既能锻炼身体又能找到自信。"一校多品"体育拓展课程对师资、场地等要求相对较高,因此,学校对师资、校园场地等因素要进行合理规划和统筹安排。

二、"一校多品"体育拓展课程实施案例分析

"一校多品"体育拓展课程的实施地点为校园内。课程实施过程必须充分考虑到学生的报名统计、教学的安排时间、项目的开设、师资的安排等多项工作。只有清晰合理地解决这些问题,才能将"一校多品"的拓展课程开展起来。下面以杭州市永天实验小学"一校多品"体育拓展课程实施作为案例进行调查分析。

(一)课程时间的统筹

《关于印发国家教育事业发展"十三五"规划的通知》(国发〔2017〕4号)规定"义务教育阶段体育与健康课程占总课程的比例为10%～11%"。按照这个课程比例要求,小学阶段每周为3～4节体育课。杭州市永天实验小学一～二年级每周为4节体育课,三～六年级每周为3节体育课;同时加上30分钟的大课间活动时间和周一、周二、周三每天1小时的课后拓展课程时间。这些活动时间的总和即为每周在校的体育活动时间(见表5-1-1)。

表 5-1-1　杭州市永天实验小学体育课和活动时间表

年级	固定的常规课程时间		灵活机动课程时间
	常规课	大课间	课后拓展课程时间
一、二	4 节×40 分钟	30 分钟	3 节×60 分钟
三、四、五、六	3 节×40 分钟	30 分钟	3 节×60 分钟

　　通过表 5-1-1 可以了解各年级段常规体育课时间、大课间活动时间和课后拓展课程时间。常规课和大课间是固定时间。课后拓展课程则是以社团的形式开展，时间机动灵活，学生分散到各个自选项目。相对灵活的教学模式，可以满足个体不同爱好。

　　图 5-1-1 显示从各课程时间中抽取一定的时间组合成拓展课程时间。由于常规课和大课间时间固定、人员固定，因此在拓展课程安排上会以班级为单位固定内容。周一、周二、周三的课后拓展课程时间固定，内容包括体育类拓

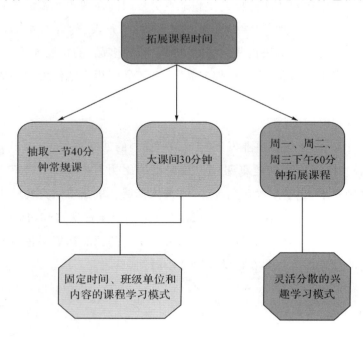

图 5-1-1　拓展课程时间

展课程、文化类拓展课程和其他类拓展课程,人员根据自己的兴趣采取分散学习模式。

(二)"多品"的内容安排和师资配备

1. 常规课中的拓展课程

常规课其中一节作为拓展课程,主要以学校体育师资为主,外聘师资为辅。通过充分发挥学校体育教师自身的专业特长,开展拓展课程教学。杭州市永天实验小学常规课拓展课程内容如表 5-1-2 所示。

表 5-1-2　杭州市永天实验小学常规课拓展课程内容

年级	拓展课程项目	授课教师及专业特长
一、二	啦啦操	本校体育教师,擅长啦啦操
三、四	武术	外聘教师,武术专业
五、六	足球	本校体育教师,擅长足球

2. 大课间中的拓展课程

大课间涉及班级数较多,全校参与,练习时间短。拓展课程主要以短课指导的方式,对学生进行项目的教学。大课间采用"一班一品"模式开展,使班班有亮点见表 5-1-3。

表 5-1-3　杭州市永天实验小学大课间拓展课程内容

班级	拓展课程项目	班级	拓展课程项目
101	跳绳、踢带线毽子	401	旱地冰球
102	篮球	402	花样跳绳
103	跳房子、跳绳	403	闪光跳
201	拍皮球	501	长绳、花样跳绳
202	呼啦圈	502	空竹
203	踏板凳	503	篮球
301	跳跳球	601	排球
302	羊角球	602	趣味往返接力跑
303	踢毽子	603	足球

　　大课间内容的选择,充分考虑到各年龄段学生的身心特点。对于专业性较强、器材要求较高、技术难度高的项目,如旱地冰球、空竹、花样跳绳等,一般会延续到下一个学年继续学习。同时,这些项目在大课间活动的过程中,外聘教练会以短课的形式对学生进行教学指导。篮球、排球、足球等常规体育项目,以本校体育教师为主要课程指导教师。其他专业性相对较弱,场地器材要求不高的项目,学校会对内容进行相应的调整或完善。这一类拓展练习,由学校体育教师或其他学科教师共同指导。

3. 课后拓展课程

　　课后拓展课程时间为 1 小时,定于每周一、三、四下午 3:30 到 4:30。课程内容结合当下课外兴趣班和学生兴趣特点进行设置。学员采用自主报名的社团学习形式,填写分级志愿,进入拓展课程学习班。

　　课后拓展课程是学生拓展学习的重点时间段,这一时间段授课教师专业能力强,课程时间充足。通过该时间段的学习,学生可以有效地提高专业技能。图 5-1-2 为拓展课程填报志愿卡。此志愿卡不仅可以填选体育类课程,同时也可以填选文化类课程和其他课程。志愿卡中设有"是否曾经学习过"选项,通过这一项内容填写,便于教师对学生进行初、高级班的合理分班,从而进行分层教学。

　　图 5-1-3 展示的是拓展课程内容的安排,从图中可以看出体育类拓展课程是学校的主要拓展课程,约占总课程的 60%。如何根据学生的报名情况合理分配教学时间、教学班级、课程内容,同时解决师资问题,杭州市永天实验小学的经验是:根据学校的特点、现有师资等情况,以学校师资为主,部分项目委托城区某体育俱乐部派遣外聘教师,统筹安排课程。这样就解决了课程安排和专业师资的问题。一方面,学校为俱乐部做了宣传;另一方面,俱乐部帮学校解决了课程安排和师资问题。这是一种双赢模式。

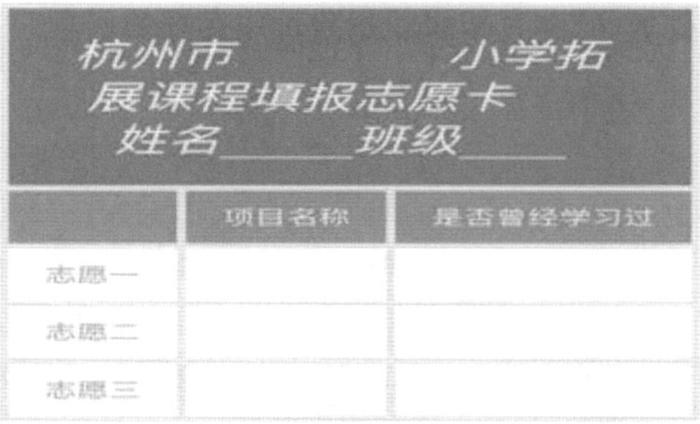

杭州市　　　　　　　小学拓
展课程填报志愿卡
姓名＿＿＿＿班级＿＿＿＿

	项目名称	是否曾经学习过
志愿一		
志愿二		
志愿三		

图 5-1-2　杭州市永天实验小学拓展课程填报志愿卡

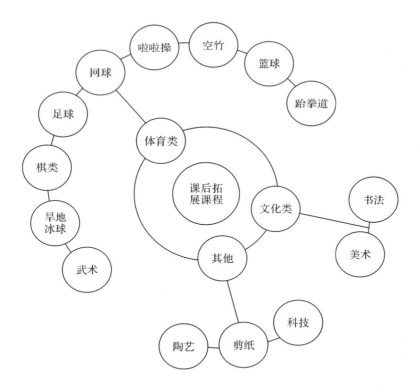

图 5-1-3　拓展课程项目

三、"一校多品"体育拓展课程建设中存在的问题

（一）拓展课程设置问题

从杭州市永天实验小学体育拓展课程的实践来看，拓展课程内容丰富，项目都是当下学生喜爱、流行时尚的项目。这些体育项目也符合小学生的身心特点。问题是大部分的课程都缺少理论知识和指导教材。课程教学中多采用教师示范讲解、动作纠正等形式，但这样的过程不能确保学生真正掌握技术动作的要领和知识的要点。教学上缺乏理论指导，课程无法系统地呈现，对教学质量是有影响的。课程时间上，课后拓展课程时间相对饱满，但一周仅有2次，次数相对不足。

（二）拓展课程实施问题

"一校多品"体育拓展课程项目丰富，同时新项目也在不断开发中。项目多了，势必很难做到样样到位。相较"一校多品"模式而言，"一校一品"课程比较容易开展和推广，比较容易做成精品，校本课程开发也容易操作。而"一校多品"在操作层面上容易忽视某些课程的模块化教学和系统教学。如果不能对学生进行系统教学，不重视校本课程建设，课程会趋于体验式和简单化，对学生提升技能是不利的，会忽视学生真正的学习需求。这是一种课程结构失衡的表现。"一校多品"拓展课程需要重视这些问题。

（三）师资建设问题

"一校多品"拓展课程需要更多教师支撑，体育教师承担教学工作、训练工作和学校相关事务，工作量大。因此，对于拓展课程的兼顾精力有限。杭州市永天实验小学18个班，有4名体育教师，其中2名教师兼任行政职务。教师负担重，压力大。外聘教师在专业项目上有优势，但是薪资较高，会给学校造成一定的财务负担。

（四）体育经费问题

学校体育工作建设离不开经费的支持。公办学校体育经费主要来自上级教育部门拨款、学校体育项目经费、学校自筹经费等。经费有限，且缺乏稳定机制。开展体育拓展课程需要场地建设、师资建设、竞赛项目经费筹集等，这

些工作不能临时去抓,不做到定期安排和管理就会造成资金不能完全合理利用到体育建设中,对于"一校多品"体育拓展课程的实施产生一定的影响。

(五)场地设施问题

位于主城区的校园,拓展空间有限,场地设施有限,学校在选择项目上受到制约。对于需要大型场地或者专业场地的项目,这样的条件是不达标的。

四、"一校多品"拓展课程可持续发展对策

(一)统筹规划资源,联盟共享资源

体育场地设施规划需要纳入学校整体建设发展规划。学校区域内的规划是一个相对漫长的规划过程。笔者认为,合理发挥联盟化办学的作用,资源可以被更有效地利用起来。现在很多学校都在积极探索集团化办学,但是很多学校虽然同属一个教育集团,实际都是独立学校,平时联盟内交流活动也并不多。笔者认为,联盟学校可以共享的资源很多,如场地优势、项目优势、师资优势等,这些优势如能共享,"一校多品"拓展课程的开展就可以提升一个层次。

(二)强化品牌建设,重视校本建设

学校开展"一校一品"时间比较早,对"一校一品"的特色教育具有一定经验和成果,相当一部分学校"一校一品"的品牌建设已经具有一定的影响力。笔者认为,可以借鉴"一校一品"的建设经验,对于"一校多品"体育拓展课程进行分批关注的建设模式。如挑选几个项目作为现阶段的重点项目课程,开发校本课程,对体育拓展项目逐个发展。通过这样的整合资源模式,使体育拓展课程建设可持续发展。

(三)关注政策动态,做好经费保障

杭州市第十三届人民代表大会第三次会议列出了2018年十大民生实事项目,其中有一项:杭州主城区小学开展学后托管服务,全面推行小学生放学后校内开设托管服务。据杭州市教育局、财政局、人力资源和社会保障局联合出台的《关于推行小学生放学后托管服务工作的指导意见(试行)》中指出两点。第一点:学后托管服务主要采用自主阅读、预习、复习、完成作业等方式开

展,有条件的学校可以开展体育、艺术、科普等活动。笔者认为,平时学生课业负担重、体育活动时间少,如能利用学后托管时间,进行体育拓展课程的学习,既能学习体育知识,又能锻炼身体,可谓一举两得。第二点:学后托管服务费全部由区、县(市)财政予以保障。承担学后托管服务工作的人员,可以获取适当劳务补助,补助标准由各区、县(市)统筹确定。体育拓展课程如能在学后托管时间开展,经费上也有一定保障。

第二节　"一班一品"体育大课间

一、"一班一品"体育大课间的内涵与特征

(一)"一班一品"个性化体育大课间的基本内涵

学校制订"一班一品"个性化体育大课间活动机制。个性化即把班级体育项目做出特色,如足球自编啦啦操、篮球花式运球等。总而言之,学校的每个班级自主选择一个体育项目并进行个性化设计,作为本班体育大课间活动的主打品牌,练精练好,使该项目在全校具有明显优势,培养班级凝聚力和团队意识,丰富班级文化,凸显班级体育特色,提高学生体育兴趣,达到快乐锻炼的目的。

(二)"一班一品"体育大课间的主要特征

"一班一品"重点在一品,其项目内容丰富,可以根据学校品牌特点、地域特色、文化传统等进行合理的项目设置。相比"一校一品","一班一品"更有利于校园体育文化建设的多样性,能比较全面地考虑学生需求,设置一些学生感兴趣的项目,发挥学生自身的优势,让学生既能锻炼身体又能找到乐趣。"一班一品"体育拓展课程的开展对师资、场地等要求相对较高,学校需要对教师资源、教学场所、项目设置等进行合理规划和统筹安排。

二、现状分析

一直以来，中小学校的课间活动基本以广播体操和跑操为主，内容简单枯燥、形式单一，学生的活动积极性不高。学生大多数时间都是在学校度过的，学生在学校唯一释放学习压力的出口就是体育课堂和课外体育活动。因此，学校开发形式多种多样的体育大课间活动是必然的趋势。激发学生兴趣，让学生真正爱上体育运动，这样才有利于提高学生的身心健康。那么，有哪些具体影响开展阳光体育活动的因素呢？

（一）组织管理未系统化

学校领导重视不够，认为大课间只是简单的课间操，对大课间体育活动认识不够深刻，对活动内容和形式、活动质量、活动效果等方面缺乏要求、缺乏标准和评价体系。其实大课间体育活动是学校体育的重要组成部分，是落实学生每天锻炼一小时的重要保证，是培养学生体育兴趣、增强体质的重要手段，是学校一项重要工作，只有学校领导和全校师生的共同重视，不断探索，丰富活动内容和组织形式，才能加强系统化建设。

（二）活动内容比较单一

活动内容是开展大课间体育活动的关键因素，也是学生主动参与的必备条件。目前，大多数学校开展阳光体育大课间活动的内容比较单一，缺乏趣味性。如春夏季广播操、秋冬季长跑，活动内容长久不更新，导致学生兴趣下降，锻炼效果不明显。

（三）场地器材经费局限

长期以来，许多学校体育经费投入在学校总的教育经费中所占比重较小，投入到大课间体育活动中更是少之又少。场地的限制、器材的短缺，不仅严重制约学校大课间体育活动的开展，还存在安全的隐患。

三、体育大课间的实施

（一）"一班一品"体育大课间的实施目标

1. 运动技能与参与目标

保证每名学生至少掌握一项运动技能,树立"健康第一"理念,养成终身锻炼习惯;引导学生全员参与阳光体育活动,保证体育锻炼时间,增强学校阳光体育大课间的活力和吸引力。

2. 身体健康与心理健康目标

促进学生身心的协调发展,增强体质,调节情绪,感受运动快乐,提高综合能力,丰富校园生活,创建和谐校园。

3. 班级建设与学校发展目标

营造体育锻炼氛围,提升班级体育文化建设;形成班级特色,丰富班级文化;为创建学校高水平发展提供动能、打下基础;为提高学生综合素质,培养全面发展人才提供有力保障。

（二）"一班一品"体育大课间的实施原则

1. 科学性与趣味性相结合原则

根据低、中、高年级学生的年龄特点和各班的特色,由小到大科学规律安排运动量;遵循学生身心发展规律,从实际出发,全面落实教学计划,不增加学生负担,合理安排"一班一品"个性化体育大课间活动内容,将科学性、趣味性与特色创建融为一体,寓教于乐,寓练于乐。

2. 普及性与提高性相结合原则

活动开展面向全体学生,增强学生体质,体现班级特色,突出学生特长,促进每一位学生的全面发展。同时根据学生的爱好,通过相应的训练,将爱好培养成特长。活动既要注重学生个体特长的形成,又要注重班级特色、年级特色的形成。

3. 因地制宜与安全第一相结合原则

根据学生身心发展规律及特点,以及学校和班级的实际情况,各班因地制宜,合理安排场地,科学安排大课间活动;师生全员参加,充分发挥师生的积极性和创造性;严格场地、器材管理,落实职责,强化管理,制定安全预案,全方位贯彻"安全第一"原则。在整个活动中,指导教师除教给学生科学的锻炼方法外,必须注重学生的活动安全,特别是在学生使用体育器材时,教师必须亲自指导,杜绝伤害事故发生。

(三)"一班一品"体育大课间的实施步骤

1."一班一品"体育大课间基本流程(见图 5-2-1)

图 5-2-1 自主选择流程

2."一班一品"体育大课间具体步骤

(1)学校开展"一班一品"个性化体育大课间,公布体育项目菜单(见表 5-2-1),供班级选择,最后由学校提供活动的具体方案。如:杭州市景成实

表 5-2-1 体育项目菜单

类别	项目	年级
民间体育类	竹竿舞、滚轮胎、打陀螺、飞盘、大脚板	一
游戏类	跳房子、贴膏药、打响片、袋鼠跳、呼啦圈	二、三
球类	足球、篮球、排球、乒乓球、羽毛球	四、五
三跳类	短绳、长绳、踢毽子、跳皮筋	六、七
达标类	仰卧起坐、立定跳远、引体向上、跳绳、实心球	八、九

来源:杭州市景成实验学校 2015 年阳光体育大课间活动方案

验学校大课间"快乐体育运动大转盘"活动,由体育组提供符合各年龄段的体育项目,班级自主选择一项,汇总安排采用"大转盘"(见图5-2-2)的形式进行,每两周班级之间轮换一个项目,自主性、多样性、有效性得到充分体现。

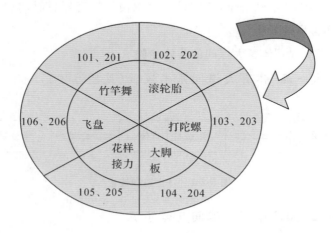

图 5-2-2　一、二年级快乐体育运动大转盘

(四)"一班一品"体育大课间的实施操作机制

1. 方案到位

校长是总负责人,直接领导阳光体育大课间活动的开展;办公室负责带班教师的考核考勤;教导处负责大课间时间的合理安排协调;学生处负责学生着装礼仪的检查;总务处负责运动器材的购买;体育组制订方案和具体落实活动。基本形成"校长为组长、中层领导巡视、体育教师协调管理、班主任主抓、学生干部监督"的组织管理网络,层层落实、齐抓共管。"一班一品"个性化体育大课间是学校各部门相互统筹合作的行为,需要学校团队协作。

【案例呈现】阳光体育大课间活动方案

杭州市景成实验学校"快乐体育运动大转盘"方案

一、指导思想

积极倡导终身运动的理念。每个人至少要掌握一项擅长的运动技能,而这种对体育的兴趣要从小开始培养。我校将开展一种别具一格的活动运作模式——快乐体育运动大转盘。顾名思义,"快乐体育运动大转盘"就是将班级、活动场地、活动项目作循环安排,避免单调和重复,彻底摒弃了千篇一律的"放羊式"盲目做法,学生能事先知晓明天的活动项目,带队指导教师能及时做出针对性准备,使大课间活动安全有序地开展。全体教师参与大课间活动,与学生齐锻炼共运动,更加积极地营造"快乐体育"氛围。

二、组织要求

每天的大课间活动,班主任及配班老师带领学生迅速、安静、整齐地集合队伍;按时到达活动场地;组织、指导学生进行各项活动;要全程跟踪、处理突发事件,保证学生的安全。把全校学生分成两大组,每组活动内容各不相同,各班选取两个认真负责、组织能力强的学生做课间活动组长,平时负责传达通知,配合老师组织班级分组活动。每学期依据活动内容和活动质量评出优秀班级,给予适当的奖励。

三、具体安排

班主任、配班老师积极组织和管理班级活动。各年级选择项目进行大课间,调整如下:

(一)一、二年级具体活动内容安排、跑步路线和活动示意图

1. 一年级小学教学楼南广场出发绕教学楼南边水泥地标志,重复2圈。

2. 二年级小学教学楼南广场出发经西面水泥地绕停车场2圈(见图5-2-3)。

3. 活动项目设置:跳绳(长绳、短绳)、毽子活动、呼啦圈、造房子、花样接力(10m接力跑、换物接力跑、两人三足等)、游戏(红灯绿灯小白灯、听数抱团、贴膏药等)。

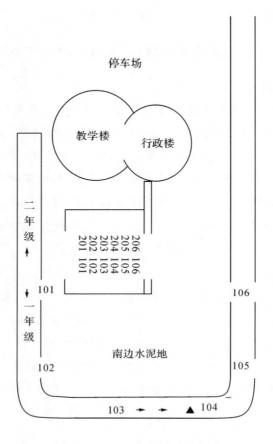

图 5-2-3　一、二年级活动示意图

4. 活动组织形式：一、二年级各班级跑步(或做操)之后进入指定区域进行活动。注：本学期大课间活动内容采用大转盘形式，每周一转，各班根据转盘指定内容进行活动。二年级大转盘同一年级(见图 5-2-4)。

(二)三、四年级具体活动内容安排、跑步路线和活动示意图

1. 三、四年级的活动场地是篮球场，当大课间欢快的音乐响起，各班快速整队带到篮球场，先进行绕标志物慢跑，再根据"大转盘"的内容安排进行不同的体育活动(见图 5-2-5)。

2. 内容场地安排如表 5-2-2 所示。

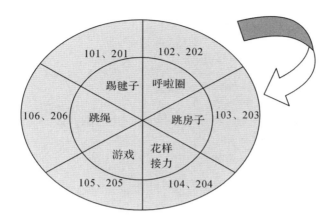

图 5-2-4　一、二年级快乐体育运动大转盘（每周顺时针旋转一格）

表 5-2-2　三、四年级活动内容、场地安排

项目	场地安排
跳长绳	篮球场 1
跳短绳	篮球场 2
篮球	篮球场 3
趣味接力	篮球场 4
踢毽子	水泥地 1
打响片	水泥地 2

（三）五、六年级具体活动内容安排、跑步路线和活动示意图

1. 五年级按照各班顺序依次绕足球场慢跑 2 圈（如做操队伍也排在足球场）。

2. 六年级先在足球场集合，然后按照各班顺序二路纵队沿跑道第一、二道慢跑 2 圈。

3. 五、六年级各班级跑步（或做操）之后进入指定区域进行活动（见表 5-2-3）。注：大课间活动内容采用大转盘形式，每周一转，各班根据转盘指定内容进行活动（见图 5-2-6）。

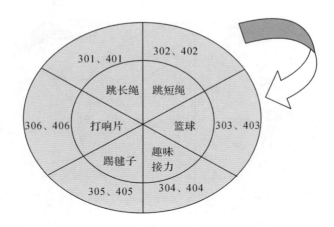

图 5-2-5 三、四年级快乐体育运动大转盘(每周顺时针旋转一格)

表 5-2-3   五、六年级活动内容、场地安排

班级	活动内容	场地安排
501、601	足球活动 (周二、周三运球;周四、周五足球游戏)	足球场
502、602	排球活动 (周二、周三垫球;周四、周五排球游戏)	排球场
503、603	跳绳 (周二、周三单跳短绳;周四、周五长绳)	圆弧左侧
504、604	毽子活动	圆弧右侧
505、605	素质练习(周二、周三蛙跳;周四、周五迎面接力赛)	足球场
506	跳皮筋	跑道

4. 具体活动见大转盘(见图 5-2-6)。

(四)初中各年级具体活动内容安排、跑步路线和活动示意图

1. 初中年级先在足球场右侧集中,七、八年级跑第三、四跑道,九年级跑第五、六跑道。

2. 七、八、九年级具体项目和场地安排如图 5-2-7 至图 5-2-9 所示。

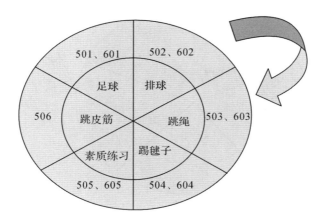

图 5-2-6　五、六年级快乐体育运动大转盘（每周顺时针旋转一格）

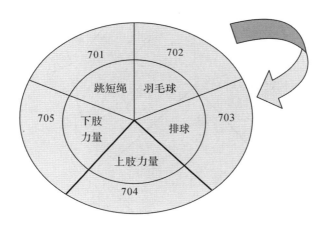

图 5-2-7　七年级快乐体育运动大转盘（每周顺时针旋转一格）

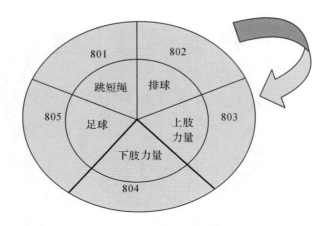

图 5-2-8   八年级快乐体育运动大转盘（每周顺时针旋转一格）

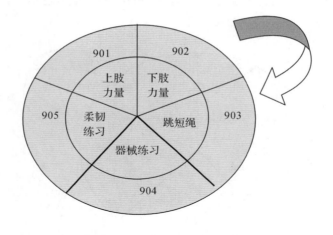

图 5-2-9   九年级快乐体育运动大转盘（每周顺时针旋转一格）

2. 辅导到位

在开展活动之前，必须先规划好学生的指导模式。采用的辅导方式有体育课堂教学辅导、校内专职教师辅导、外聘教练辅导，以及集合家长社区资源辅导等。体育课堂教学辅导是主阵地，体育教师即辅导的主力军，在活动中是至关重要的角色。校内聘请有专长的教师起到一定的辅助作用，利用体育课时间或采用开设拓展课程的形式进行辅导。专业的项目需要专业的人来指导,因此,外聘教练辅导是专业需要,如轮滑、蹦床等项目。集合家长社区资源辅导是外部条件,加强家校沟通,利用家长与社区的资源,形成三位一体的有效合作模式。

3. 保障到位

全校动员,分工负责;学校定期开会商讨,对班主任等相关人员进行培训;班级开展班会课活动,开展主题教育,介绍"一班一品"个性化大课间活动;体育组负责场地划分、器材购买等工作,便于携带的器材和道具由家委会负责购买,学生自行管理。

(五)"一班一品"个性化体育大课间的实施评价机制

在实施过程中遇到了难评价、评价烦这个难题,为了能进一步提高开展大课间活动的自觉性、积极性,使学生体育锻炼获得良好效果,除了要健全学校大课间活动管理制度,加强监督指导,必须同时建立学生评价体系,把学生参加大课间活动的表现列入常规体育成绩考核,调动学生参加大课间活动的积极性。在"一班一品"个性化体育大课间活动中,不仅要评价学生个体发展情况,还要对班级进行评价考核、验收活动成效。总之,完善大课间管理及评价体系至关重要。

1. 对学生评价

每项活动都有评价标准,学校体育组负责制订个性化自主性评价标准表,学生处负责制订学生争章标准。特别指出的是,根据实际锻炼情况每学期都要做出相应调整修改布置,充分体现学生主体地位,让学生学有所成,学有所为。例如:杭州景成实验学校四年级某班把足球颠球(见表 5-2-4)、篮球绕桩运球、排球自垫球作为一学期的项目内容,学期末通过"全员运动会"做出评价,三项达到全优的学生获得"运动小健将章",两项达到优秀的学生获得"运动小达人章",一项达到优秀的学生获得"运动小能手章"。学校将学生体育评价与评选三好学生、优秀少先队员、优秀班干部等评选结合起来。

2. 对班级评价

班主任制订班级内部个性化考核机制。学校每学期或每月评选大课间活

动示范班级,且划入学校年度优秀班级考核范围,作为班主任的考核指标。参
与教师要与学校年度考核挂钩,作为晋级、评优的重要依据。建立"一班一品"
个性化体育大课间活动评价机制,与学校教育教学考核有机结合。

表 5-2-4　足球颠球评价标准

年级	项目	连续个数	
四	足球颠球	男生	优秀≥10
			良好≥8
			合格≥5
		女性	优秀≥8
			良好≥6
			合格≥4

第三节　校外体育活动

一、校外体育活动的内涵与特征

（一）校外体育活动的内涵

校外体育活动是校内体育活动的延伸,顾名思义就是学生在学校以外进
行的体育活动。毫无疑问,校外体育是属于体育活动的一种,并且是积极性的
校外体育活动。关于校外体育活动的定义,虽然有各种不同的表述方法,但其
意思都是指学生利用校外时间,不拘形式地通过各种身体锻炼,在充满欢愉的
气氛中,达到增强体质、促进健康、恢复体力、调节心理、陶冶情操、激发生活热
情、培养高尚道德、满足精神追求及享受人生乐趣等目的。校外体育活动的最
大特点就是活动个体的自由选择性、活动内容和形式的多样性以及活动效果
的综合性。

校外体育锻炼计划是针对学生在校体育锻炼时间不足,导致体质下降而
制订的体育锻炼计划。而体育家庭作业,作为一种创新的作业形式,深受广大
学生及家长的欢迎。但由于现在多数体育教师在给学生布置作业时缺乏多样

性、选择性和层次性,作业形式内容单一,反馈不及时,很多学生疲于应付,不能起到真正的锻炼作用。因此,校外体育作业管理的有效性问题已无法回避。

(二)校外体育活动的特征

校外体育活动最主要的特点是自由性。学生在校外课余时间不受任何约束,按照自己的兴趣和爱好,选择自己所喜欢的某项或几项体育运动项目进行个人或多人的练习。自由性表明学生在校外体育活动中的主体特点,即学生是校外体育的主人。这种活动能很好地丰富学生的课余生活,增进身心健康。为了使学生养成坚持锻炼的良好习惯,应引导他们从个人爱好的活动中,选择适合自己需要的锻炼内容和方法。校外活动的另外三个特点是:"体育性""校外性"和"积极性"。所谓体育性是指学生在校外活动时的内容特点是身体锻炼。校外性是指学生在校外进行体育活动的时间、地点能自由支配。积极性是指学生校外体育活动的特点是发挥学生主观能动性,其结果必然使身心得到释放,心情得到愉悦。

二、校外体育活动的现状分析

(一)学生方面

目前,多数小学生自觉锻炼的意识不够强,这是因为:一是学业压力过大,没有充足的锻炼时间;二是缺乏坚持的决心和毅力。体育家庭作业使学生在掌握简单有效的健身方法和运动常识的同时,可以调节小学生的眼睛、大脑,让学校体育教学在课外得到有效延伸,让终身体育的观念扎根每个学生的心里。每一位学生的身体素质、个性特征、接受能力、意志品质等方面存在一定的差异,所以在作业的布置、落实、监督、反馈等方面应有所区别对待、因人而异,一成不变,统一布置不适合所有的学生。

(二)教师方面

部分教师责任意识不强。一是部分学校在体育课程管理上不科学、不规范,对体育课程重视不够,体育教师缺乏教学积极性;二是部分体育教师缺乏责任感,没有认识到自身职责所在,态度思想不端正。通过日常教学实践证明,有针对性地布置体育家庭作业,能够很好地减轻小学生的学习负担,使学生更好地学习和生活。作为教师,要对自己的学生有充分的了解,这样才能使自己的工作如鱼得水,运用自如。教师应该在了解学情、了解作业环境的基础上布置校外体育作业,发挥锦上添花的作用。随意、盲目地布置练习内容,"多多益善"的作业观,这些都会影响学生校外体育活动的有效性。

（三）落实方面

家长监督管理不够。一是提及家庭作业,许多家长往往将体育学科排除在外,这是许多家长长期以来的习惯思维。其实体育课也需要有家庭作业,在体育课的教学中针对学习内容,结合学生不同的情况布置适当的课外作业,不仅能巩固课堂上所学的知识、技能、技巧,强化教学效果,增强学生体质,还能培养学生"终身锻炼"的习惯和"终身体育"的意识。二是一些家长把校外体育作业当做负担,不予积极配合。其实,家庭体育锻炼既方便又省时。比如:一张书桌可让父母与孩子一起打乒乓球,一个气球可使母女一块练习排球,父子、母女还可以在床上比赛仰卧起坐、俯卧撑。在完成作业过程中父母充当孩子的伙伴,既有乐趣,又能锻炼身体,孩子与家长之间的交流增加,潜移默化地促进家庭的和谐,使得家庭关系更加融洽。体育作业如何落实是影响作业管理有效性的一个直接因素。体育家庭作业的内容是否合理,家庭作业环境是否允许,这些都为体育作业的过程管理在时间和空间上增加了难度。教师需仔细考虑作业的内容、具体实施的流程、作业的操作与评价等问题,同时要及时与家长沟通,获得家长的支持,使家长树立正确的体育价值观,让家长关注孩子的健康,关心孩子的体育作业,积极参与监督。

三、校外体育活动的反思和改进

（一）体育家庭作业过程管理"盲点"分析

作业的过程管理是指对学生作业的动态性、过程性教学效果的管理。许多学校提倡"减轻学生课业负担,提高学生素质教育",增强学生体育意识,引导学生形成体育锻炼的好习惯,为学生的体育健身争得一席之地。为此布置体育作业,给学生开运动处方。作业是否真正适合我们的学生做?学生真实做了吗?老师及时反馈了吗?学生做了之后有效吗?

1. 聚焦反思一：作业的"同步性"针对有效吗？

从作业与课堂教学的关系看，大部分的作业均为同步性作业，学生做同步性作业的操练能及时巩固课上的动作技术。但如果作业不能体现同步性，尤其是新授课，学练不一致，时效性差，学生就会失去兴趣，疲于应付，换来体育作业加重学习负担的悲哀。为此我们不妨"挑一挑""选一选"，结合教学的同步性，了解学生的状态布置作业，做到作业的有效性。

2. 聚焦反思二：作业的"量"斤斤计较了吗？

从学生的角度出发，目前学业负担较重。体育作业正是提倡素质教育，给学生减负的创新尝试。倘若长期一成不变训练方式，忽视作业的质量与数量，让学生觉得是外部强加而非自主自觉的行为，最后变成应付，就会形成恶性循环。

3. 聚焦反思三：作业的"时间、空间"监督到位了吗？及时反馈了吗？

体育作业时间、空间的落实会有很大的弹性。如果内容不合理，管理不及时，我们原先设想的目标就会大打折扣。有时，学生为了应付作业，"造假式""速练式"的例子也出现很多。老师布置的体育作业总是希望学生能保质保量完成，发挥体育作业的最佳效能，对其真实性的监督，及时有效地反馈很有必要。

【案例呈现】杭州市现代实验小学"130"体育健身卡案例

为了迎接本次"我乐动、我健康"——2019阳光体育活动的到来，保障同学们身体健康，提高同学们身体素质水平和运动能力，养成坚持参加体育锻炼的好习惯。让同学们积极地加入阳光体育活动，学校继续开展"130"趣味健身卡活动，"130"趣味体育健身释义："1"——每天锻炼一小时，幸福生活一辈子。"3"——两项技能一特长，快乐健康每一天。"130"——坚持锻炼效果好，平均心率130次／分钟。

一、体育趣味健身项目、评分标准

项目	男生优秀 （100 分）	男生优秀 （90 分）	男生良好 （75 分）	男生合格 （60 分）	女生优秀 （100 分）	女生优秀 （90 分）	女生良好 （75 分）	女生合格 （60 分）
跳绳/次	140	86	60	30	145	90	60	30
坐位体前屈/cm	12.4	10	5.3	—0.3	15.1	13	7.5	1.2
50 米跑	9"40	10"1	11"8	12"6	9"9	10"5	12"5	13"2

一、二年级　第____周健身卡

	周一	周二	周三	周四	周五	周六	周七
"130"健身 近期项目 （请在相应项目 后填成绩）	跳绳（　） 坐位体前屈（　） 三分钟慢跑	跳绳（　） 坐位体前屈（　） 三分钟慢跑	跳绳（　） 坐位体前屈（　） 三分钟慢跑	跳绳（　） 坐位体前屈（　） 三分钟慢跑	跳绳（　） 坐位体前屈（　） 三分钟慢跑	跳绳（　） 坐位体前屈（　） 三分钟慢跑	跳绳（　） 坐位体前屈（　） 三分钟慢跑
运动感言或体会	😚（　）	🙂（　）	😖（　）	🙁（　）			
家长评价	☆☆☆☆☆（　）　☆☆☆（　）　☆（　） 请根据孩子实际锻炼情况打分！ 一周成绩记录：						
家长评价	☆☆☆☆☆（　）　☆☆☆（　）　☆（　） 请根据孩子实际锻炼情况打分！ 一周成绩记录：						

杭州市现代实验小学暑期"130 体育趣味健身卡"

	周一	周二	周三	周四	周五	周六	周七
"130"健身项目 （请在相应项目 后打"√"）	田径（　） 球类（　） 体操（　） 游泳（　） 武术（　） 跳绳（　） 舞蹈（　） 轮滑（　） 游戏（　） 其他（　）	田径（　） 球类（　） 体操（　） 游泳（　） 武术（　） 跳绳（　） 舞蹈（　） 轮滑（　） 游戏（　） 其他（　）	田径（　） 球类（　） 体操（　） 游泳（　） 武术（　） 跳绳（　） 舞蹈（　） 轮滑（　） 游戏（　） 其他（　）	田径（　） 球类（　） 体操（　） 游泳（　） 武术（　） 跳绳（　） 舞蹈（　） 轮滑（　） 游戏（　） 其他（　）	田径（　） 球类（　） 体操（　） 游泳（　） 武术（　） 跳绳（　） 舞蹈（　） 轮滑（　） 游戏（　） 其他（　）	田径（　） 球类（　） 体操（　） 游泳（　） 武术（　） 跳绳（　） 舞蹈（　） 轮滑（　） 游戏（　） 其他（　）	田径（　） 球类（　） 体操（　） 游泳（　） 武术（　） 跳绳（　） 舞蹈（　） 轮滑（　） 游戏（　） 其他（　）

续表

推荐项目	三分钟慢跑、1分钟跳绳、坐位体前屈、踢毽子立定跳远、游泳、羽毛球
运动感言或体会	😗（　） 🙂（　） 😖（　） 🙁（　）
家长评价	☆☆☆☆☆（　）　☆☆☆（　）　☆（　） 请根据孩子实际锻炼情况打分！ 一周成绩记录：

二、反馈与评价

学生按要求使用健身卡,周健身卡在锻炼一周后的周一将此表上交班主任或体育老师,及时查看反馈锻炼情况。暑期健身卡根据情况发放,每月三周的健身卡,开学统一回收。学校根据学生暑期练习和国家体质健康测试情况评出"锻炼之星"。

四、优化校外体育活动(体育家庭作业)策略

(一)分析现状,找准有效作业管理的起点

对于现实中存在的情况,要先学会分析,到底是教师原因、学生原因,还是家庭环境的影响。通过分析了解,对有效作业管理才会更有针对性,减少盲目性,真正站在有效角度去思考问题。

(二)确定目标,明确有效作业管理的方向

让学生在身心上有提高,有进步。具体表现在学生从没兴趣到有兴趣,从不愿意做到自觉做。由此看出体育作业的有效性的目标主要就是提高学生的兴趣,培养学生自觉锻炼的意识。通过对学生体育作业的有效管理,最终达到学生身心健康发展。

(三)改变策略,提升有效作业管理的效果

增设同步性作业、对比性作业,推进作业的有效性;增强作业的层次性,分层练习,优化作业的有效性;充分利用家长的监督作用,落实到位,提高作业的有效性;关注评估并及时反馈,让评价更规范,提升作业的有效性。

第六章　阳光体育活动评价

阳光体育活动评价是学校体育教学的一种手段,科学合理的阳光体育评价方法和公正、公平的测评结果对学生参与体育活动具有良好的督促作用,能促进学生体育学习的兴趣和积极性。阳光体育活动评价也具有良好的导向性,能有效地促进学生对体育基本知识、技能和技术的掌握,促进学生体育素质和个人能力的发展;同时,评价系统的信息反馈功能也可以改善实施过程中理念、内容及方法上的不足。

第一节　评价概念

建立和完善阳光体育督导机制、学生健康监测制度和体育考试评价制度等全方位的动态评价体系,要求在考核内容和方式上趋于多样化,不仅在课内做好教学的考核评价,也要做好课外的考核评价;不仅对学生运动的结果进行评价,也要评价其运动的过程。科学完善的阳光体育评价机制体现了教育的本质追求。

一、阳光体育活动评价理论基础

(一)人本主义理论基础

人本主义课程以人的能力全面发展为目的。除了智力发展外,心智、情商、理想、价值等都是人本主义课程关注的领域。众所周知,教育的目的就是要培养性格完整的人、不断超越的人及有创造力的人。而体育作为教育的一个重要的组成部分,在学生的成长过程中不可或缺,尤其是在培养学生的完美性格方面起着举足轻重的作用。大课间体育活动作为体育教学的延伸,除了对学生认知发展有积极的促进作用外,对激发学生的体育兴趣、提高社会适应能力、增强心理健康有着其他课程所不能替代的作用。

（二）素质教育理论基础

新《中华人民共和国义务教育法》(2006 年 9 月)中明确指出:"所谓素质教育是根据我国目前现行的社会经济发展的需要,以全面提高学生的基本素质为目的的一种教育。"素质教育作为一种教育观念,是为了使教育适应社会、改造社会而提出的新的教育思想,它包括基础教育、文化素养教育、心理发展水平教育和终身教育。素质教育要面向全体学生,以期提高全民素质;应促进学生的全面发展;要尊重学生的主体地位,让学生主动发展;要坚持因材施教的原则;要重视对学生未来社会的适应能力的培养。

（三）多元智能理论基础

多元智能理论为构建大课间体育课程提供了广阔的视野。加德勒等人于 20 世纪 80 年代初提出的多元智能理论与欧美发达国家流行的"情感智能",现已成为先进的教育理念。多元智能理论所指的 7 种智能:语言智能、逻辑—数学智能、音乐智能、空间智能、身体—运动智能、个人内在智能和人际智能的培养在大课间体育活动中都能得到充分的体现。

二、阳光体育活动评价目的

阳光体育活动评价就是以阳光体育活动的实施目标为依据,按照一定的评价标准,运用科学的技术和手段,通过数据收集和分析整理,对学校、学生阳光体育活动的实践过程及结果进行价值判断;促进阳光体育活动的各个参与主、客体进步,最终促使学生全面、健康发展,达到体育教育价值增值的目的。

评价目的,所指的是进行评价的理由,所回答的是为什么要进行评价。阳光体育活动评价是为了考核、鉴定还是为了推动、改进,是为了选拔、淘汰还是为了教育发展,这有根本区别。阳光体育活动指向的是促进学校体育发展,最终指向促进学生健康发展,那么阳光体育评价的目的主要可以包括以下几点。

（一）在评价的过程中发挥学生的特点,给学生（或学校）提供一个可以展示自己水平、能力的平台,并不断地鼓励学生（或学校）的进步与发展;主要了解学生在阳光体育活动中的学习与表现情况，以及达到和完成阳光体育活动实施目标的程度。

（二）查找学生（或学校）在阳光体育活动中存在哪些不足，并且帮其分析原因，使其找到最佳的学习（实施）方法，改进实施策略、途径，提高实施的有效性。

（三）主要了解学生（或学校）在阳光体育活动中的学习（实施）与表现情况，以及达到和完成学习（实施）目标的程度。

（四）在评价的过程中注意培养学生真实的评价与同伴的能力，使学生养成实事求是的良好品质，从而起到相互教育和自我教育的效果。

三、阳光体育活动评价原则

（一）阳光体育活动评价要体现评价主体的全面性

评价主体是指具有一定评价技能，能够参与到实际评价活动中的人。在当前的教育评价中，评价的主体具有一定的广泛性，不仅有学校领导、教师，学生也可以成为教育评价的主体。学生是阳光体育活动的主体之一，只有从学生评价的需要出发，激发学生的运动动机，调动学生的学习积极性，才能搞好评价。

（二）阳光体育活动评价要体现活动实施的目标

评价是对目标实现情况的鉴定、检查和总结，为目标的改进、调整提供一定的反馈信息。目标是评价的重要依据，阳光体育活动的评价应以促进阳光体育活动目标的实现为目的。通过评价，体现发展推动的价值方向，直至实现目标，评价是最好的助推力。

（三）阳光体育活动评价的功能发挥要充分

阳光体育活动评价的功能主要有鉴定、导向、激励、改进等。实践中，因为形式的不完整和操作者观念的局限，一部分比较重要的功能往往被忽视，有的甚至扭曲了大教育的本意。评价大致可分为形成性评价、诊断性评价和终结性评价。一般传统的评价比较轻视形成性评价，而过于强调诊断性评价和终结性评价，因此激励、改进的功能在实际操作过程中没有运用。评价不是为了选拔和分等级,要以改善和促进学生的运动观念和习惯为根本目的。这种评价必须以明确现状、诊断问题、改进活动为宗旨的形成性评价为主。

(四)阳光体育活动评价的内容与标准应具备科学性

在当前的体育评价中,评价者受传统学科课程思想的影响,体育学习评价只限定在各门孤立的分科课程,并不涉及课程之间的整合。因此,现行的体育课程学习评价主要关注学生在运动技能、体育知识和身体素质等方面的发展,忽视了学生在意志、个性、情感等方面的发展;注重体育学习的结果,忽视体育学习的过程;对学生的发展性目标,如终身体育习惯的养成,学习能力、合作与沟通能力的培养等方面缺少必要的评价。我们应重视这样的弊端,更多关注学生阳光体育活动的参与过程,使学生在核心素养培养过程中各项能力均得到提高。所以,阳光体育活动评价内容和标准的科学制定至关重要。

第二节　评价内容

阳光体育活动的评价内容分为学校评价和学生评价两大块。学校评价是对学校开展阳光体育活动的宏观组织的评价,包括组织管理、制度建设、人财物使用、奖惩制度等;学生评价是学业评价的一部分,是落实到每一位学生微观个体的评价。

一、学校评价

不同学校的办学理念和校园文化一定程度影响着学校阳光体育活动发展的情况。一所学校是否可以形成良好的体育锻炼风气,是否可以实现阳光体育活动的长效发展,关键要看学校是否重视阳光体育活动的内在价值。如果学校能正确理解和全面贯彻国家的教育方针,就能在办学过程中正确处理好体育与德育、智育三者之间的关系。所以,阳光体育活动的良性发展,前提就是做好对学校阳光体育活动工作的评价。

（一）对学校的评价

　　阳光体育活动的实施最终端是学校。学校开展阳光体育活动的情况，必须要有制度保障。区域内，学校结构、环境、发展方向等近似的学校，可以制订相似的评价细则，保证学校阳光体育活动的正常运行。从组织管理与课程建设、组织开展多级别阳光体育活动、学生体能素质提高、体育技能发展等多方面绩效来评价学校阳光体育活动的开展情况。

　　【**案例呈现**】表 6-2-1 为某城区中小学阳光体育活动评价细则

表 6-2-1　阳光体育活动评价细则

评价项目	具体评价内容要求
1. 组织管理与课程建设（30分）	①领导重视，组织机构完善。（3分）
	②按国家规定配齐体育教师，能满足日常教育教学的需要。（5分）
	③按要求开全体育课和体育活动课，保障学生每天有一小时集体体育锻炼时间。教学计划和教案齐全，体育教学规范。（10分）
	④场（地）馆功能利用合理，并主要用于学生体育活动和教师上体育课；体育器材配备达标，且管理规范。（5分）
	⑤体育经费投入有保障。（3分）
	⑥重视学校体育课程改革和学术研究，成绩显著。（4分）
2. 阳光体育活动的组织开展（20分）	①学校阳光体育大课间活动常年开展，有学校特色；每天大课间活动时间保证25～30分钟。（4分）
	②每学期按时上交学校阳光体育工作计划和总结。（4分）
	③每年举行一次校级综合性运动会。（4分）
	④按要求开展好中学生篮球联赛校级赛、中小学生乒乓球联赛校级赛、中小学生校园足球联赛校级赛，开展好冬季长跑活动和冬季三跳活动以及田径比赛。（4分）
	⑤学校建立体育兴趣小组或社团，并能坚持长期科学地训练和活动。（4分）

续表

评价项目	具体评价内容要求
3. 参加区级及以上阳光体育活动（25 分）	①学校组队参加区级阳光体育竞赛项目数达总项数的 60% 以上。（5 分）
	②每年积极参加区师生运动会和区小学生三跳比赛，成绩优秀或逐步提升。（5 分）
	③能积极参与区阳光体育展示活动和区师生运动会开幕式表演等；代表区参加市级及以上阳光体育竞赛、展示等活动。（5 分）
	④活动中遵守纪律、服从安排，道德风尚佳。（5 分）
	⑤积极申报、承办区级阳光体育竞赛和活动。（5 分）
4. 学生体质测试和体育二项技能（15 分）	①区抽测等级符合标准且成绩高于或等于区平均分；参加市抽测高于或等于市平均分。（10 分）
	②对全校 90% 以上的学生进行了体育二项技能的认定。（5 分）
5. 认真参加上级部门组织的会议，不迟到、不早退，遵守纪律，不无故缺席。（5 分）	
6. 重视和加强学校体育特色的建设和发展，得到上级部门的认可。（5 分）	
7. 在推进阳光体育工作中有突出贡献的可酌情加分。	
总体评价	总分
	等级

【案例剖析】这份评价表中，评价项目分为：组织管理与课程建设、阳光体育活动的组织开展、参加区级及以上阳光体育活动、学生体质测试和体育二项技能等 7 项内容。校内的组织管理与课程设置占据 30 分，可见学校在人、财、物上的支持是开展阳光体育活动的最基本保障。师资配备、课程设置、场地器材达标、经费专项保障都是重中之重的要素。

校内阳光体育活动的组织开展，展现的是最基本的工作实效，校园文化建设需要通过学生喜闻乐见的活动来实现。评价要求每日大课间活动有保障；一年一度的综合性运动会，篮球、乒乓球、足球、长跑、三跳等系列比赛落到实处，促使更多的学生投入到日常的针对性练习中来，增强主体参与性。

参加区域以上的阳光体育活动，是对校园体育活动的提升。在"普及＋提高"的模式中,鼓励更多的优秀学生发挥特长,取得成绩,成为校园榜样,从而带动学生的荣誉认同,触发校内阳光体育活动中学生的参与热情。

细则对体质测试成绩的要求高于区域平均,就是对工作业绩完成好的肯定。阳光体育活动开展的实效就是促进学生的体质健康,体质健康的最直观表现是体质测试的数据。当然,体育技能的习得也是推崇的好做法,90%的学生有2种技能基础要求。细则关注了学生的差异性,也关注了体育技能的多样性。

从细则中可以看到:学校机构完善、制度到位、人员充沛、经费充裕、场地到位是评价的重要内容。此外,体育课堂的教学改革及理论研究都是涵在阳光体育活动内的深层评价,在细则中体现,因此,细则是阳光体育活动开展的助推力,有要求,操作实施就有方向的保障。

(二)学校的自我评价

教育行政部门在区域层面出台的评价体系指导学校落实阳光体育活动的方向和行动标准。学校在执行标准时也会形成必要的内部管理制度,例如"学校阳光体育实施要求"等,从校级、年级、班级、教研组、课堂、体育教师、班主任教师、学生、家长等多层面立体地确定实施细则,保证在底线的基础上,再鼓励优秀,激励全员投入到活动中来。

【案例呈现】某学校阳光体育活动实施制度

阳光体育活动实施制度

(一)指导思想

认真贯彻落实国家教育部门关于学校体育工作的精神,牢固树立"健康第一,以人为本"的指导思想,以培养德才兼备、身心健康、体魄强健、意志坚强的一代新人为己任。以阳光体育运动为载体,在全校掀起体育锻炼热潮,切实增强学生体质,减轻学生课业负担,全面推进素质教育,促进学生全面发展。

(二)实施原则

1. 教育性、科学性、趣味性原则。大课间活动坚持育人宗旨,遵循教育规律和中小学生身心发展特点,寓学于乐,寓练于乐。

2. 全面性原则。大课间活动与日常教育教学工作有机结合,与新课程改革相结合,与小学生综合素质培养有机结合。课外活动的内容与形式丰富多彩,尽量满足不同特长、不同兴趣、不同层次学生的发展需求,促进学生的身体素质、心理素质和审美素质的全面提高,形成在普及与提高的基础上良性发展的局面。

3. 坚持自主自愿与积极引导相结合的原则。在组织学生参加大课间活动的过程中,除了教师的指导,同时充分尊重学生的自我选择权和自主活动权,在组织活动时为学生营造一个自主操作、自主锻炼的良好环境和氛围。

4. 坚持校内校外相结合的原则。以校内活动为主阵地,充分发挥校外活动的独特功能,促进校内校外活动的有机整合,密切配合家庭体育活动和社区活动,努力创建良好的课外体育活动环境。

5. 坚持安全第一原则。在大课间活动的组织和实施过程中,加强安全教育,制订安全措施、应急措施和防范措施,避免和防止意外事故的发生。

（三）有关制度

活动制度

1. 根据教育部"实施阳光体育活动"的要求,学校结合实际开展一绳、一毽、一球、一操等体育活动,确保每个学生能够掌握两项体育运动技能,并具有一项运动特长;在开齐开足体育课程,提高课堂教学质量的同时,开展丰富多彩的大课间体育活动,满足全体学生多样化的活动需求。

2. 制订学校大课间活动计划,明确目标、落实责任;确定各年级特色项目,努力形成品牌,更上一个台阶;每日上午的大课间体育活动做到时间、场地、内容、学生、指导教师"五落实";确保学生每天体育活动时间不少于一小时。

3. 制订班级大课间活动制度,学生参加大课间活动要覆盖全体学生;全校学生体育达标抽测合格率达98%以上,优秀率达30%以上。坚持每学期举办一次体育运动会和一次全校性民间体育活动项目竞赛,不定期组织单项活动。

4. 学校大力改善体育活动场地设施;提高全体教师的活动组织和指导水平;落实相应的经费,确保学校文体活动的正常开展;积极整合和充分挖掘校外体育活动资源,定期开展活动,推动阳光体育活动形成规模、提高水平。

检查制度

组织落实好 30 分钟的大课间活动以及 30 分钟的阳光体育活动,做到内容落实、地点落实、人员落实;把落实学生每天一小时体育活动的工作纳入学校对各个年级段、对班主任和体育教师的综合考核及评估指标体系,加强督导检查。同时,把这项工作列入学校日常教学工作常规,定期进行检查、督促,使阳光体育活动工作落到实处。

规范:

1. 按规定进行活动,班主任切实负责,管理好本班工作。

2. 按规定在指定的区域活动,准备工作充分。

3. 持器械的活动要有组织、有轮换,注意安全和保护,学生积极性高。

4. 教师能够参与到活动中去。

5. 广播操、韵律绳操动作到位、优美。

达标:

1. 按规定进行活动,班主任组织较认真。

2. 按规定在指定的区域活动,准备工作充分。

3. 持器械的活动有组织,注意安全和保护,学生积极性较高。

4. 广播操、韵律绳操动作比较到位、优美。

不合格:

1. 按规定在指定的区域活动,准备工作不充分。

2. 活动中组织、安全、保护不到位;有打闹、推搡等动作;有故意损坏器材现象;有伤害事故发生。

考核制度

1. 建立活动考核奖励制度。学校每天由行政蹲点负责对所辖班级进行考核;一周一汇总,一月一评比,一学期进行一次大课间活动示范班级和先进个人评比活动并予以表彰;在每天的考核中,正、副班主任未能及时到场的,每次各扣2分;未能按计划进行活动,每次扣班级管理2分;在活动过程中,由于正、副班主任玩忽职守造成学生伤害事故的,取消期末优秀班主任评比资格。

2．体育老师要按分工做好巡回指导督查工作,在考核中体育老师未及时到场或指导不力,发现一次扣2分;由于玩忽职守造成学生伤害事故的,扣除当月绩效工资。

（四）组织机制

统一思想,提高认识,切实加强学校大课间活动的领导和管理。学校成立由校长为组长的学生大课间活动领导小组,明确分工,责任到人,要充分认识小学生课外体育活动的重要性,把开展这项活动作为推进素质教育、活跃学生课余生活、培养学生健康生活方式的一个重要组成部分,落到实处,见到实效。

（五）阳光体育活动工作领导小组

组长:校长或主管体育的副校长

组员:领导班子其他成员、体育教师、班主任老师等

（六）活动要求

1．班主任是班级活动第一责任人,负责班级学生大课间活动的组织者、实施者与安全教育责任者,副班主任为班级学生课外活动的协助者。

2．每位学生必须自觉遵守各种活动的规则,听从指挥和安排,按时参加活动。

3．活动场地及器材,由教务处统一安排,实行器材由体育教师管理责任制。

4．每个班级应认真组织、精心安排,确保安全责任事故为零;活动前组织学生学习了解活动的规则;认真做好场地、器材的准备工作,防止意外发生。

5．有生理缺陷的学生不能参加相应的活动,教师应做好劝导工作。

6．制订好意外事故发生的应急处理预案,确保活动中师生人身安全。

7．活动时间:周一到周五的每天上午9:30—10:00为大课间活动。

【案例剖析】案例中展现的各项制度详细地强调了"为什么要开展阳光体育活动""怎么开展阳光体育活动"。在考核制度之前,有检查制度的要求,详细提出了评价的标准分为"规范""达标""不合格"三个等次,并以此跟进考核制度,评价成了实施的导向,是目的性的体现。

另外,"保证每天锻炼一小时"这一项,首先是学校教学部门制订好体育课表及锻炼时间表;然后是人员分工,落实任务。体育教研组承担技术教学和指导任务,班主任负责组织学生;全程有行政检查、教师值日跟进、监督,把相关的实施情况"天天记、日日清";要有表扬,也要有针对性的提醒帮助,把反馈情况纳入班级、班主任的评优评先参考项。

学校的政策制度可以根据学校特色发展量身定制,但是有些制度必须有专业的科学依据。

例如,"大气污染程度是否停止体育锻炼"这一项,不以个人的喜好、感官来判断,应建立相应的官方依据。大气重污染预警级别分为Ⅰ级(AQI:>450)、Ⅱ级(AQI:301-450)和Ⅲ级(AQI:201-300),分别用红色、橙色、黄色标示。参照环境保护部发布的《城市大气重污染应急预案编制指南》,共分为三种响应措施:健康防护措施、建议性污染减排措施和强制性污染减排措施。黄色的Ⅲ级(AQI:201-300)就"建议停止中小学、幼儿园室外体育课(健康活动),停止组织学生、幼儿跑步等其他的各类室外活动。"在政策的规范中,才能保证实施锻炼的合理性,从另一个层面保证"每天锻炼一小时"。

二、学生评价

阳光体育活动非常重视对学生的综合性评价。强调在评价学生身体素质和运动技能掌握的同时,更重视评价学生的学习态度、团结协作等方面的表现情况,从而真正体现"促进学生全面发展"的教育改革新理念,体现评价的公平性和全面性。我们在参考"体育与健康"课程的评价内容基础上,总结出阳光体育活动中学生层面的评价内容包括以下几个方面。

(一)体适能

体适能(fitness)的评价内容主要包括对身体健康有关的体适能和与运动

技能有关的体适能的评价。其中，与身体健康有关的体适能主要包括肌肉的力量、耐力、身体的柔韧性、心肺功能以及身体成分等，与运动技能有关的体适能主要包括身体的灵敏性、协调性和反应能力以及肌肉的爆发力、速度等。

表 6-2-2　《国家学生体质健康标准》评价指标与分值（2007 年版）

组别	评价指标（测试项目）	分值	备注
小学一、二年级	身高标准体重	20	必测
	坐位体前屈、投沙包	40	选测一项
	50 米跑（25 米×2 往返跑）、立定跳远、跳绳、踢毽子	40	选测一项
小学三、四年级	身高标准体重	20	必测
	坐位体前屈、掷实心球、仰卧起坐	40	选测一项
	50 米跑（25 米×2 往返跑）、立定跳远、跳绳	40	选测一项
小学五、六年级	身高标准体重	10	必测
	肺活量体重指数	20	必测
	400 米跑（50 米×8 往返跑）、台阶试验	30	选测一项
	坐位体前屈、掷实心球、仰卧起坐、握力体重指数	20	选测一项
	50 米跑（25 米×2 往返跑）、立定跳远、跳绳、篮球运球、足球颠球、排球垫球	20	选测一项
初中、高中、大学各年级	身高标准体重	10	必测
	肺活量体重指数	20	必测
	1000 米跑（男）、800 米跑（女）、台阶试验	30	选测一项
	坐位体前屈、掷实心球、仰卧起坐（女）、引体向上（男）、握力体重指数	20	选测一项
	50 米跑、立定跳远、跳绳、篮球运球、足球运球、排球垫球	20	选测一项

注：身高标准体重测试项目为身高、体重。肺活量体重指数测试项目为肺活量，握力体重指数测试项目为握力。

表 6-2-2 是《教育部 国家体育总局关于实施〈国家学生体质健康标准〉的通知》（教体艺〔2007〕8 号）中的内容，该通知对 2002 年《国家学生体质健康标准》进行了修改和完善，推出较为系统和全面的新标准，从身体形态、身体机

能、身体素质和运动能力等方面综合评定学生的体质健康水平。新标准是促进学生体质健康发展、激励学生积极锻炼的教育手段，是学生体质健康的个体评价标准。

小学一、二年级组和三、四年级组测试项目分为三类，身高、体重为必测项目，其他两类测试项目各选测一项。小学五、六年级组，初中、高中各组，大学组测试项目均为五类，身高、体重、肺活量为必测项目，其他三类测试项目各选测一项。选测项目每年由地（市）级教育行政部门、高等学校在测试前两个月确定并公布。选测项目原则上每年不得重复。

此标准在之后的不断实践和修正中做过一些微调，例如总分提升为120分。分值的划分是因为学生的得分会影响到综合评定。此标准的主框架遵守了多元、全面的原则，尽可能展现不同年龄段的学生体适能发展的目标要求。

（二）知识技能

对学生体育健康知识掌握程度和体育运动技能学习成绩的评定主要包括：体育健康知识的认知、了解、掌握程度，以及对活动练习重要性的重视程度；掌握体育健康的相关知识以及实际表现情况；掌握符合各年级学生学习水平目标要求的体育运动技能的情况；等等。

（三）态度表现

对学生学习态度的评价主要包括：学生在每次阳光体育活动中的表现情况，是否按时参加；是否投入地完成练习要求；在参与过程中是否表现出积极的情绪。

（四）合作意识

对学生合作意识的评价主要包括：在阳光体育活动中是否尊重和理解其他同学；在练习过程中努力承担团队中的责任，表现出良好的人际交往能力与合作精神；是否在阳光体育竞赛中遵守比赛规则、尊重执法裁判；是否做到敢于批评错误的行为和接受他人的批评；是否在失败时做到认真分析原因，不埋怨他人。

三、项目制的综合评价

　　学校管理制度可以通过活动参与人员的分工来确立,也可以围绕一个具体项目确定。阳光体育活动的组成是多方面的,有体育课堂教学、体育大课间、阳光体育竞赛、校外体育锻炼等。如果把这些作为一个项目,就需要整合学校、教师、学生等多方面因素进行综合评价,我们把这样的评价称之为项目制的综合评价。

　　体育课堂教学的评价已经较为成熟,作为课程评价开展,有条不紊;体育大课间评价的研究相对较少,作为一个项目系统建立独立的评价体系,则具有挑战。

　　以体育大课间为例,有学者提出体育大课间课程化是开展阳光体育的一个有效措施,将体育大课间活动纳入课程管理,为开展阳光体育提供了具体载体,提供了稳定的操作平台和发展空间。

　　【案例呈现】"一班一品"个性化体育大课间评价机制

　　为了进一步提升学生参与大课间活动的自觉性、积极性,提升学生锻炼的效果,除了要健全学校大课间活动管理制度,加强监督指导,同时必须建立相应的评价体系,把学生参加大课间活动的表现列入常规体育成绩考核,激发调动学生参加大课间活动的积极性。在"一班一品"个性化体育大课间活动中,不仅要鼓励学生个体发展,还要对班级进行评价考核,验收活动成效,不断完善大课间管理及评价体系。

　　1. 对学生评价

　　每项活动都有评价标准。学校体育组负责审核制订个性化自主性的评价标准,学生处负责制订学生争章标准。学校根据实际情况每学期都要做出相应调整、修改,充分体现学生主体地位,让学生学有所成,学有所为。如:某学校大课间活动"快乐大转盘",即把足球颠球、篮球绕桩运球、排球自垫球作为一学期的项目内容,全员参与,并结合学期末"全员运动会"做出评价。三个项目达到全优的学生获得"运动小健将章",两个项目达到优秀的学生获得"运动小达人章",一个项目达到优秀的学生获得"运动小能手章",并与评选三好学生、优秀少先队员、优秀班干部结合起来。表6-2-3为足球颠球评价标准。

表 6-2-3　足球颠球评价标准

年级	项目	连续个数	
四	足球颠球	男生	优秀≥10
			良好≥8
			合格≥5
		女生	优秀≥8
			良好≥6
			合格≥4

2. 对班级评价

班主任制订班级内部个性化考核机制，学校每学期或每月评选大课间活动示范班级，且与学校年度优秀班级考核挂钩，并作为班主任及参与教师年度考核、晋级、评优的重要依据。建立"一班一品"个性化体育大课间活动评价机制，使之与学校教育教学考核有机结合。

【案例剖析】学生、教师、教育管理人员等是阳光体育大课间的参与者。学生是参与者，也是接受者，对学生行为优劣的判断是评价的一个重要部分。教师是活动建设的主要参与者与实施活动的骨干，他们了解活动的各个环节与细节问题。活动的开发与实施对于教育管理人员的能力与素质提出一定的要求，大课间活动的指导思想、目标与教育管理者有着密不可分的关系，大课间活动的不断完善与教育管理者的理念有着密不可分的联系。指导思想、教学目标、组织程序、实施条件、课程评价等因素合理组合在一起，成为体育大课间活动科学的综合性评价体系。

第三节　评价方式

随着教育观念的发展，采用终结性评价、定量评价和绝对性评价的方式已不适应新时期教育全方位评价的需求，应采用更多种评价方法，突出阳光体育活动评价的激励作用。

一、定量评价与定性评价相结合

在学生的阳光体育评价中,定量评价主要针对学生的体能、运动技能等方面;定性评价一般是针对学生的综合表现给予评语式评价或等级制评价,如学生的体育学习态度、锻炼习惯、意志品质、自信心、自尊心和合作意识等。定量评价与定性评价相结合主要表现在两个方面:一是对某些不能量化的因素进行定性评价;二是对某些能量化的因素量化以后得到的结果进行定量分析。应该指出的是,强调定性评价并不是对定量评价的简单放弃。从根本上讲,定性评价包含定量评价,且定量评价是为了更逼真地反映学生的真实情况。因此,把定性评价和定量评价结合起来,是一种科学的评价方法。

二、绝对性评价与相对性评价相结合

绝对性评价是将学生的每项指标逐一与评价标准对照(如《国家学生体质健康标准》),给出绝对分数,从而判断优劣。相对性评价则是先建立一个评价基准,然后逐一与基准比较来判断优劣。相对性评价中的评价基准有横向评价基准和纵向评价基准两种。横向评价基准是从群体样本中建立起来的,如体质测试成绩的平均值等;纵向评价基准是指学生过去的成绩水平,即成绩的初始值,如初测成绩等。在对学生的阳光体育学习进行评价时,主要参照的是纵向评价基准,即被评对象自己的初始成绩,以考查该学生通过一段时间锻炼后的进步幅度,有人也称之为个体内差异性评价。需要指出的是,将绝对性评价与相对性评价结合起来进行阳光体育评价时须注意两个方面的问题:一是采用的相对性评价方法要简单,易操作,不能过多地增加评价者的负担;二是相对性评价要与绝对性评价结合起来进行,以达到促进学生进步与发展的目的。

三、诊断性评价、形成性评价与终结性评价相结合

诊断性评价、形成性评价和终结性评价的主要区别是:评价时间不同,评价目的不同。

诊断性评价是预测评价，一般指课前、学期学年开始前的评价；形成性评价是进程中间的评价，一般指课中、学期学年中期的评价。终结性评价是结尾时的评价，一般指课尾、学期学年结束时的评价。

诊断性评价是为了了解学生的知识基础和准备状况；形成性评价是为了及时发现教和学中的问题；终结性评价是为了总结和提升教学效果。

三种评价可以独立进行，也可以互相渗透、交叉进行。

（一）诊断性评价

诊断性评价也称教学性评价、准备性评价，一般是指在某项教学活动开始之前对学生的知识、技能以及情感等状况进行预测评价。通过这种预测可以了解学生的知识基础和准备状况，判断他们是否具备实现当前教学目标所要求的条件，为因材施教提供依据。

【案例呈现】表 6-3-1、6-3-2 是某校学生体质测试成绩的诊断性评价表

表 6-3-1　关于学生体质测试成绩的针对性评价（阶段一）

	身高体重				实心球			50 米跑		测试总分	总分等级
	身高/cm	体重/kg	分数	等级	成绩/m	分数	等级	成绩	等级		
小 S	145	38.2	100	正常	4.7	81	良好	10"6	78	84	良好
老师的话	根据水平二的评价标准，小 S 体质测试获得"良好"等级。1 分钟跳绳小 S 肯定会完成得很好，实心球和 400 米跑可都是你的弱项，所以你要每天坚持上肢力量练习和耐力练习，2 分钟的计时计数跳绳每天完成 3 组。老师一定会全力支持你的，加油！										
家长的话	好的。我们现在每天练习跑步和实心球，争取能够提高成绩。在学校，希望老师也让她多练习薄弱项目。谢谢！										

表 6-3-2　关于学生体质测试成绩的针对性评价(阶段二)

	400 米跑成绩	400 米跑分数	400 米跑等级
小 S	1′43″	75	良好
老师的话	虽然你的体质不算很强,但你是个肯吃苦、肯努力的孩子。经过这段时间的努力,老师觉得你的成绩还是有提升的,希望你坚持锻炼,如果等级达到"优秀"就更好了!		
家长的话	第一阶段的努力获得成果,我们会继续坚持的。谢谢!		

　　【案例分析】关于每年开展的国家学生体质测试,要提高学生的成绩仅仅靠在校的有限时间是远远不够的,特别是对先天体质较差的学生,体育教师应该有方向、有针对性地给学生、家长以意见,根据对学生的个别化分析,作出诊断意见,给予家长科学的指导。普通家长对于体育专业数据的解读能力比较弱,需要在教师的指导下了解练习方向。

　　表 6-3-1 是一份定量评价和定性评价相结合的评价表。根据表中数据和文字,可以分析出一些表面的信息,但是最主要的是解读信息后,给予诊断,对后续作业提供指导意见。在提出耐力欠缺的病灶后,随即给予跳绳的练习策略。进入阶段二后,表 6-3-2 也是一份定量评价和定性评价相结合的评价表,此表是表 6-3-1 的反馈信息。

　　(二)形成性评价

　　形成性评价是指对学生日常学习过程中的表现,包括行为、情感、态度、策略等方面的发展做出的评价,是基于对学生学习全过程的持续观察、记录、反思而做出的评价。形成性评价的目的不是为了对学习者分等级或鉴定,而是帮助学生和教师把注意力集中在为进一步提高所需的学习方法和学习内容上,从而激励、帮助学生有效调控自己的学习方法和学习内容,使学生获得成就感,增强自信心,培养合作精神。

　　形成性评价最初是由美国的斯克里(G. F. Scriven)在其 1967 年所著的《评价方法论》中首先提出来的。形成性评价是指在活动的过程中,为使活动效果更好而修正其本身轨道所进行的评价。主要目的是为了明确活动运行中存在的问题和改进的方向,及时修改或调整活动计划,以期获得更加理想的效果。目标是在教育活动过程中不断了解活动进行的状况以便能及时对活动进行调整,进而提高活动质量所进行的评价。形成性评价可分为真实性评价、变现性评价、发展性评价。

【案例呈现】表 6-3-3 是某学校学生课堂体育学习的形成性评价

表 6-3-3　某学校学生课堂体育学习的形成性评价

评价内容	个体学习				群体学习	
	器材准备	课堂参与	表达展现	有效操练	合作参与	情绪
具体细则	运动器材和服装的准备	请假出勤、不游离课堂之外、不随意离开课堂等	身体练习的准确性、专注性,愿意在集体场合展示	练习的准确性及数量和质量	投入到集体学练中,参与度好,有责任担当	能处理好同伴之间的关系,会控制情绪,化解冲突
自评(每课)	☆☆☆	☆☆☆	☆☆☆	☆☆☆	☆☆☆	☆☆☆
小组评(每周)	☆☆☆	☆☆☆	☆☆☆	☆☆☆	☆☆☆	☆☆☆
教师评(每月)	☆☆☆	☆☆☆	☆☆☆	☆☆☆	☆☆☆	☆☆☆

【案例剖析】在阳光体育活动中,体育课堂是运动技能习得、体能提高的主阵地,也是一天锻炼效率最高的载体和途径。专业指导者对于课堂的组织和调动都是最有效的。要想积课堂的跬步,至健康的千里,需要从每一次的身体练习入手。课堂练习的态度、质量、数量是最后由量变到质变的决定因素。所以应该通过形成性评价激励、监督学生实现每一次课堂学习的效率,产生课堂增量。

根据表 6-3-3,我们看到评价的内容其实是根据学生每堂课上三级量化标准进行。自评、周评、月评,多视角记录了学生的学习过程,最后汇总到学期、学年、学段,为其他的评价积累常态数据。

　　同时,课外体育、家庭体育练习是阳光体育活动的有效延伸。因为锻炼是一种习惯,更是对待健康生活的一种态度。现代实验小学在抗击新冠肺炎疫情线上学习期间引导孩子每天进行必练、选练、个性项目体育锻炼,并用在线学习"体育趣味健身卡"进行过程自主评价和记录。(见表6-3-4)引导孩子"宅家"坚持体育运动,促使孩子自主体育锻炼习惯的养成,增强体质,增进健康,促进孩子身心发展。

　　(三)终结性评价

　　终结性评价就是对课堂教学达成的结果进行恰当的评价,指的是在教学活动结束后为判断其效果而进行的评价。一个单元,一个模块,或一个学期的教学结束后对最终结果进行的评价,都可以说是终结性评价。

　　1. 展示型评价

　　展示交流是对学生体育拓展课程中的表现和学习成果的总结。通过展示学习成果、体验实践过程,最终得到评价。其中有老师的评价、同学的评价、家长的评价等。所有的体育拓展课程都可以进行展示性评价。展示性评价形式多样,可以是校园展示、班级展示、交流展示、家庭展示等。如"一校多品"体育拓展课程中的抖空竹、啦啦操、跆拳道等,非常适合展示性评价。抖空竹是我国传统体育文化项目,非常具有观赏性。如何检验学习成果,没有一个标准化的检验方式,展示方式多种多样,如周一升国旗活动展示,班级"品"与"品"交流展示,校园吉尼斯活动展示等。同时学校向成绩优异的学生颁发获奖证书,也是一种极具成就感的评价。家长、同学的赞许声也是一种评价。这些评价都是一种正向反馈。

　　2. 考级型评价

　　考级型评价,顾名思义是通过考核后晋级的一种评价方式。此评价方式方式适用于具有较完善考核晋级制度的体育项目。通过晋级考试评价,检验学习成果的优异性,是对自我的一种肯定评价。武术、跆拳道都适合这种评价。例如跆拳道有其相对完善的晋级考试制度,跆拳道的段位制度中包括晋段和晋级两部分,段位称号从低到高为9个段次,9段最高。段下为1至10

表 6-3-4　现代实验小学三年级学生防疫在线学习"体育趣味健身卡"

	周一	周二	周三	周四	周五
"130"健身项目（请在相应项目后打"√"）	必练内容： 1. 广播操（　） 2. 个性操（动动操或游泳操 2 选 1)（　） 3. 眼保健操（上下午各一次)（　） 必练力量类内容： 1. 原地高抬腿（3 组，每组 30 次)（　） 2. 深蹲起（3 组，每组 15～20 次)（　） 3. 开合跳（3 组，每组 25 个）（　） 4. 单腿支撑（30 秒，3 组）（　） 个性内容:（　） 选练内容： 1. 跳绳（2～3组，每组 180 次或每分钟 150 次以上）（　） 2. 踢毽子（单踢 3组，每组 30 次）（　） 3. 呼啦圈、乒乓球等（根据实际情况自选)确保每天运动 1 小时（　） 练习建议:做好充足的准备活动防止损伤,身着运动服。运动过程中注意安全	必练内容： 1. 广播操（　） 2. 个性操（动动操或游泳操 2 选 1)（　） 3. 眼保健操（上下午各一次)（　） 必练力量类内容： 1. 俯卧撑（3 组，每组男生 10～15次，女生 5～10次）（　） 2. 原地徒手前后摆臂（4 组，每组左右手各 50 次，有条件可负重小哑铃）（　） 个性内容：（　） 选练内容： 1. 跳绳（2～3组，每组 180 次或每分钟 150 次以上）（　） 2. 踢毽子（单踢 3组,每组 30 次）（　） 3. 呼啦圈、乒乓球等(根据实际情况自选)确保每天运动 1 小时（　） 练习建议:做好充足的准备活动防止损伤,身着运动服。运动过程中注意安全	必练内容： 1. 广播操（　） 2. 个性操（动动操或游泳操 2 选 1)（　） 3. 眼保健操（上下午各一次)（　） 必练力量类内容： 1. 坐位体前屈（30 秒，5 组）（　） 2. 平板支撑（3组，每组 1 分钟）（　） 个性内容:（　） 选练内容： 1. 跳绳（2～3组，每组 180 次或每分钟 150 次以上）（　） 2. 踢毽子（单踢 3组，每组 30 次）（　） 3. 呼啦圈、乒乓球等(根据实际情况自选)确保每天运动 1 小时（　） 练习建议:做好充足的准备活动防止损伤,身着运动服。运动过程中注意安全	必练内容： 1. 广播操（　） 2. 个性操（动动操或游泳操 2 选 1)（　） 3. 眼保健操（上下午各一次)（　） 必练力量类内容： 1. 原地高抬腿（3 组，每组 30 次)（　） 2. 深蹲起（3 组，每组 15～20 次)（　） 3. 开合跳（3 组，每组 25 个）（　） 4. 单腿支撑（30 秒，3 组）（　） 个性内容:（　） 选练内容： 1. 跳绳（2～3组，每组 180 次或每分钟 150 次以上）（　） 2. 踢毽子（单踢 3组，每组 30 次）（　） 3. 呼啦圈、乒乓球等(根据实际情况自选)确保每天运动 1 小时（　） 练习建议:做好充足的准备活动防止损伤,身着运动服。运动过程中注意安全	必练内容： 1. 广播操（　） 2. 个性操（动动操或游泳操 2 选 1)（　） 3. 眼保健操（上下午各一次)（　） 必练力量类内容： 1. 坐位体前屈（30 秒，5 组）（　） 2. 平板支撑（3组，每组 1 分钟）（　） 个性内容:（　） 选练内容： 1. 跳绳（2～3组，每组 180 次或每分钟 150 次以上）（　） 2. 踢毽子（单踢 3组，每组 30 次）（　） 3. 呼啦圈、乒乓球等(根据实际情况自选)确保每天运动 1 小时（　） 练习建议:做好充足的准备活动防止损伤,身着运动服。运动过程中注意安全
一周运动感言或体会	☹（　）	☺（　）	😖（　）	☹（　）	
家长评价	☆☆☆☆☆（　）　　☆☆☆（　）　　☆（　）　　请根据孩子实际锻炼情况打分！ 一周成绩记录：				

级，最低为 10 级。不同腰带颜色表示不同的级别，分别为白、黄、绿、蓝、红、黑。课程教学中主要采用中国跆拳道协会晋级考试内容对学员进行评价。这样的评价方式操作简单，评价客观。

3. 竞赛型评价

竞赛型评价是通过体育竞赛去检验学习成果的一种方式。竞赛以获取胜利为目标，激发学生对抗的欲望，锻炼技能和意志品质。运用有效的评价技术和方式对竞赛活动的过程和结果进行分析、比较，给予价值或成绩判断。这样的评价方式适用于大多数体育项目，达到最终"以赛促教""以赛促学"的目的。

例如在篮球或足球拓展课程教学中，常会有学生问：老师我们什么时候可以组队比赛，我很想去比赛。甚至有家长联系老师，表达希望自己的孩子参与比赛。这是一种竞赛欲望的表达，同时也是希望能对自我进行评价。通过比赛获得奖项获得表彰，对学生是一种激励。通过外出比赛，学会生活自理，能够锻炼学生们的社会适应能力。

阳光体育的评价对家庭和孩子积极参与体育活动的学习具有良好的督促作用，它能促进学生参与体育锻炼的兴趣和积极性。增进学生对体育基本知识、技能和技术的掌握，促进学生体育素质和个人能力的发展。评价本身只是学校体育教学的一种手段，只有坚持科学合理的阳光体育评价方法和公正、公平的测评结果，才能加强和促进学校、班级、教师、学生、家庭、社会的有效联动。

附　校园阳光体育活动实践案例

小场地　巧活动　促提高
——杭州市现代实验小学阳光体育大课间活动案例

一、设计思路

为全面贯彻落实《中共中央国务院关于加强青少年体育增强青少年体质的意见》精神，落实学生每天一小时锻炼时间，进一步丰富学生课余生活，磨练学生的意志品质和道德品质，培养良好的锻炼习惯，有效提高学生健康水平，形成坚持锻炼的习惯和终身体育意识。依托校本实际，以"小场地、巧活动、促提高"为设计思路，合理安排运动场地和项目，以大课间活动为辐射点，充分体现师生"健康、快乐、多元、个性"的良好精神面貌，推动校园育人文化建设。

二、活动内容

（一）阳光跑操

（二）阳光体育趣味健身活动

踢毽子（带线）、呼啦圈、跳房子、羊角球、踏板凳、过独木桥、跳绳、闪光跳、攀爬架、摸高、跳竹竿舞、前滚翻成跪撑—后滚翻、空竹、跳长绳（花样跳绳）、趣味往返接力跑、跳跳球、乒乓球（颠球、对墙打、隔空对打）、投掷实心球、仰卧起坐、排球正面双手垫球、足球带球往返接力。

三、活动时间:每天上午大课间时间(9:40—10:10)

四、活动编排与组织方法

(一)"阳光跑操"(广播操)

各班在规定时间内到达指定地点(由体育组通知到各班级),学校统一开展健身跑活动,跑步结束后在老师带领下前往指定地点开展趣味健身活动。分流编排措施如下:

1. 一、二年级绕小操场跑步3～4圈后开展趣味健身活动。

2. 三年级在小操场内进行30米往返跑,往返跑8次后到指定地点开展趣味健身活动。

3. 四、五、六年级在大操场跑道慢跑4～5圈后到达指定地点开展趣味健身活动。要求如下:

(1)听到集合铃声迅速在班级门口集合,排成两路纵队,按指定楼梯下楼;值周教师、班级管理教师及时到位,防止出现楼梯拥挤、踩踏事故;队伍要求安静、整齐。

(2)大楼内以快走为主,下楼梯后一律小跑前进,到达指定地点集合,行进。

(二)阳光体育趣味健身活动内容及场地安排

1. 附表1　现代城校区

班级	展示内容	场地	负责教师	备注
一(1)	踢毽子(带线)	一楼一(1)、一(2)教室前走廊、书吧	略	
一(2)	呼啦圈	一楼教室门前走廊、小操场		
一(3)	跳房子	一(3)、二(1)教室门前小操场		
二(1)	羊角球	领操台与操场之间空地东侧		

续表

班级	展示内容	场地	负责教师	备注
二(2)	踏板凳(过独木桥)	宣传橱窗前		
二(3)	跳绳	大屏幕前空地		
三(1)	闪光跳	领操台与操场之间空地西侧		
三(2)	攀爬架、摸高等	攀爬设施场地		
三(3)	跳竹竿舞	操场中间东侧北面场地		
四(1)	前滚翻成跪撑—后滚翻	沙坑边直跑道东侧		
四(2)	空竹	操场中间东侧南面场地		
五(1)	跳长绳(花样跳绳)	沙坑边直跑道西侧		
五(2)	趣味往返接力跑	操场北面直跑道起点至30米处		
五(3)	跳跳球	操场北面直跑西侧		
六(1)	乒乓球(颠球、对墙打、隔空对打)	操场西侧墙面		
六(2)	投掷实心球	操场东面弯道		
六(3)	仰卧起坐	体育器材室与老体育办公室空地		
六(4)	排球正面双手垫球	操场西侧弯道		
六(5)	足球带球往返接力	操场中间西侧场地		

2. 附表 2 六校区

班级	展示内容	场地	负责人	备注
一(4)	踢毽子(带线)、乒乓球、呼啦圈、跳绳	一楼小操场西侧	略	
一(5)	踢毽子(带线)、乒乓球、呼啦圈、跳绳	一楼小操场东侧		
二(4)	羊角球、空竹	东侧篮球场		
二(5)	踏板凳(过独木桥)、跳房子	西侧篮球场		
三(4)	迎面趣味接力跑	直跑道 50 米起点		
三(5)	攀爬架、投掷实心球	直跑道 50 米起点		
四(3)	跳跳球、投掷实心球、跳长绳	攀爬设施		
四(4)	闪光跳、投掷实心球、跳长绳	直跑到 50 米终点		
五(4)	跳长绳(花样跳绳)、踢毽子、乒乓球(颠球、对墙打、隔空对打)	管乐排练厅南侧		
五(5)	跳长绳(花样跳绳)、踢毽子、乒乓球(颠球、对墙打、隔空对打)	管乐排练厅东侧		
学校排球社团	排球社团学生 20 名	排球场		

三、组织要求

要求各班学生穿运动服装,提前做好准备活动,注意运动安全;配班教师协助跟班管理,全力配合班主任开展阳光体育大课间活动。

(一)学生具体要求

1. 衣着宽松,尽可能穿运动服装,不携带各类坚硬、锋利的物品;

2. 在指定地点进行活动,不乱窜乱跑;

3. 要根据身体情况开展活动,如有身体不适或受伤应立即告知老师;

4. 活动时要互相协作、谦让,互相帮助,有序开展活动,安全第一。

(二)教师具体要求

1. 要加强安全教育,指导学生掌握必要的安全防范知识;

2. 按《大课间活动方案》准备活动器材,做好安全检查工作;

3. 检查学生衣着,了解学生的健康状况,合理安排运动量;

4. 活动时,要积极参与并做好组织及安全防护工作,防止伤害事故发生;

5. 如有意外伤害事故,要严格按照《学校突发事件处理预案》进行处理。

四、突发性伤害事件处理办法

1. 伤情发生后,在场教师必须第一时间对伤者进行处理,了解伤者情况、判断伤情,伤害严重必须立即通知学校领导,并及时拨打 120 急救或送医院观察治疗。

2. 及时通知家长或监护人,妥善做好沟通、安慰工作。

3. 保护现场,了解事故发生经过,调查事故原因,做好有关记录并保护现场,采集有关证据,以利于对事故做到事实清楚,责任明确。

4. 重大伤害事故要及时上报学校。

(本案例由杭州市现代实验小学张刚提供)

跆拳道拓展课程案例

一、设计思路

将跆拳道作为学校的体育拓展课程是充分考虑学校自身的特点、学生素质教育的特点,以及跆拳道这个项目本身所具有的特点等而确定的。

（一）品质教育理念的具体化——文武兼备

建设具有鲜明文化和体育传统特色的学校,培养学生文武兼备的气质,学校为学生安排了书法和跆拳道两项课目,以期动静结合,提高综合素养。书法成为我校的艺术特色,跆拳道成为我校的体育特色。

（二）跆拳道项目的特点

跆拳道是一种以腿法为主的击技。它由腿法、手法、套路、实战练习等组成。统一的练习服装,统一的练习方法;场地布置较为便利;练习过程充满了乐趣。相对于其他项目,跆拳道是非常有特点的运动项目,规则完善、对抗性强、吸引力大,而且非常时尚。

（三）适合打造学校品质,提升学校知名度

跆拳道的腿法套路非常具有观赏性,适合进行表演;纯白一体的道服给人留下深刻的印象。跆拳道对学校也能起到良好的宣传效果。

综合这些特点,学校选择了跆拳道作为学校的体育拓展课程。

二、课程价值

跆拳道是集健身防卫、修身养性、娱乐观赏于一体的体育项目。通过跆拳道的练习,有利于提高学生的身体素质,特别是柔韧、灵敏、力量等。跆拳道课程中的品德教育,有利于培养学生的礼仪、廉耻、忍耐、克己等方面的品质,以及百折不屈的精神。通过身体和心理的内外兼修,有利于学生提高自理能力,增强保护意识;有利于树立正确的价值观,养成团结协作的优良品质,培养良好的人际关系和社会交往能力。

三、课程目标

知识目标:了解跆拳道的起源、发展、特点和作用,认识跆拳道运动的基本体系和礼仪文化,掌握基本图解知识和技法特点。

技能目标:通过跆拳道课程练习提高各项身体素质,同时掌握跆拳道基本腿法、拳法,以及基本的套路练习。

情感目标:体验跆拳道中蕴含的文化和精神,不断磨练自我,并以此指导自我社会实践。

四、班级类型和课程内容

附表3　跆拳道初级班课程教学大纲

1. 跆拳道运动概况、礼仪、功能作用和基本的知识(1课时)
2. 跆拳道的基本姿势和步法(2课时)
3. 跆拳道基本手法:冲拳、格挡等(3课时)
4. 跆拳道基本腿法:前踢、横踢、下劈等(6课时)
5. 学习跆拳道品势:太极一章、太极二章(4课时)
6. 身体素质练习(1课时)
7. 考试评价(1课时)

附表4　跆拳道高级班课程教学大纲

1. 跆拳道礼仪、实战规则、裁判法等(1课时)
2. 复习初级班跆拳道腿法、手法、步法(2课时)
3. 跆拳道移动击靶、反应靶练习,巩固基本腿法等(3课时)
4. 跆拳道基本腿法:双飞踢、后踢、手刀、实战基本技法等(6课时)
5. 学习跆拳道品势:太极三章(4课时)
6. 身体素质练习(1课时)
7. 考试评价(1课时)

跆拳道拓展课程开设不同级别的班级,满足各类学员的需求。初级班到高级班或虎队要通过考核才可以晋级。如未能考核晋级,可在原班级继续学习训练。班级的设置有层次,不仅便于学员的学习,提高学员的竞争意识,同时"虎队"的荣誉也激励学员不断追求上进和自我成就的精神。

五、课程教学组织形式

通过统一授课,采用理论课程和实践课程相结合的教学方式,使学生在学习掌握基本动作技能的基础上,能了解跆拳道文化,对跆拳道产生兴趣。在课程的教学过程中,讲解技术特点、功能和训练方法,结合多媒体技术的运用,使学生能更直观学习到技术动作,产生一定的概念,建立动作形态。同时,根据小学生的身心特点,教学过程多采用分解教学法,由易到难,循序渐进,并给予学生更多的鼓励。这样可以让学生建立自信心,以利于课后能主动利用更多的时间学习跆拳道技能。多组织开展学生之间的交流分享,激发学生的学习兴趣。

六、课程实施策略与教学方法

班级的设置从最简单的初级班到最高级别的虎队,呈现一个由易到难的学习过程。每个阶段的班级设置有其不同的目的。初级班基础阶段,从课程本身来说,结合青少年学员的身心特点,主要目的是通过有趣生动的教学、观看跆拳道竞技比赛集锦和特技队 MV、与众不同的课堂礼仪、训练中的呐喊等,抓住学员对跆拳道的新鲜感,增强学习动机,从而培养对跆拳道的学习兴趣,使学生爱上跆拳道运动。高级班由初级班考核选拔而来,是课程实施的中间阶段。高级班学员已经具备了一定的能力。通过高级班的学习,主要明确互学互练互助的精神,争取共同进步,了解自身个性特点,最终能进入"虎队"荣誉班级。"虎队"是跆拳道学习在学校的最高荣誉。进"虎队"后可以根据自身特点选择学习练习的内容。"虎队"分竞技队和特技表演队,可以充分发挥学员的个性特点和兴趣方向。

教学过程中主要采用示范、讲解、分解等教学方法,通过重复练习、比赛练习、游戏练习、循环练习等学习方法,由易到难、由简单到复杂、由分解到整体,逐步掌握技术动作,提高运动水平。同时,课程设立总目标,并将总目标分解成小目标,通过完成单项任务的形式,达到最终完成总目标,从而让学生看到自己的学习效果和水平。

七、评价方式

跆拳道有晋级考试制度。跆拳道的段位制度中包括晋段和晋级两部分：段位称号从低到高为 9 个段次，9 段最高；段下为级，从高到低为 1 至 10 级，最低为 10 级。不同腰带颜色表示不同的级别，分别为白、黄、绿、蓝、红、黑。本课程教学中主要采用中国跆拳道协会晋级考试内容对学员进行评价。初级班升高级班考试内容为晋级黄带考试内容。高级班升"虎队"考试内容采用晋级绿带考试内容。

八、场地器材

跆拳道场地相对大型运动场所设施简单，有一定的室内空间加以布置便可满足训练要求。跆拳道场地要配备跆拳道垫子、示范镜子、训练脚靶、护具等。学校在有限的条件下，充分利用每一块有限的空间，建立了跆拳道馆。

（本案例由杭州市永天实验小学徐峰提供）

脚尖下的韵律
——杭州市京都小学大课间竹竿舞活动案例

多年来，我校严格执行教育部关于切实保证中小学生每天一小时校园体育活动的规定，因地制宜，充分利用现有条件落实好政策措施。学校克服体育场地狭小的困难，用"小场地"保证"大课间"，让孩子们充分动起来，千方百计开展各种形式的体育活动，将学生每天一小时体育活动纳入学校的作息时间表。学校的大课间体育活动走向了常规化、制度化，内容不断丰富，使学生真正做到"每天锻炼一小时"。

竹竿舞是一项传统体育项目。学校每天上午 30 分钟的大课间体育活动组织开展跳竹竿舞活动，让每一名学生既锻炼了身体，又学习了民族传统体育项目。学校阳光体育大课间活动以跳竹竿舞为主要特色,在大课间活动中练习提升,在运动会开幕式、体育节闭幕式等各种活动中进行展示。学校通过组织开展跳竹竿舞活动,传承民族传统体育文化,引导师生积极参与、乐在其中。

一、设计思路

(一)竹竿舞的来源

竹竿舞是一项古老的传统体育项目,也叫"跳竹竿",黎族语意为"跳柴"。因是一项健身运动,外国客人称其为"世界罕见的健美操"。竹竿舞在海南黎族中盛行,并应用到了旅游景点的特色文化节目中。在海南少数民族地区每遇重大节日都会有竹竿舞表演,让观众赏心悦目。竹竿舞是海南省重要的传统体育项目。在中小学,竹竿舞是每个同学都会的。但竹竿舞在其他省份并不普及,浙江省各大中小学校一直以来都没有这方面的介绍,会跳竹竿舞的同学少之又少。

(二)竹竿舞的可行性

在新课改推行的背景下,学校传统体育项目蓬勃开展。竹竿舞简单易行,符合中小学生的身心发展特点,便于学习和掌握。竹竿舞不受场地的限制,器材简单(竹片和跳高竿)。所以,跳竹竿舞作为大课间的一项体育活动是十分合适的。

竹竿舞具有悠久的历史,并在发展中不断地适应时代变化和新的社会环境。在学校办学国际化的背景下,我们可以找到一种新的模式,让我国的民族传统体育项目竹竿舞跨出国门走向世界,为其搭建一个更加广阔的平台,让更多的人认识竹竿舞、喜欢竹竿舞、会跳竹竿舞,让更多的人因为竹竿舞而使生活变得更加丰富多彩。

(三)竹竿舞的灵活性

跳竹竿舞能激发学生的运动兴趣,培养同学之间的合作精神与团队意识。跳竹竿舞的人数没有规定,可单人跳、双人跳,也可集体跳。在双人跳或集体跳时,需要同伴密切配合。跳竹竿舞时,无论是打竿者,还是跳竿者,都要求大家团结一致,按照一定节拍动作,在同一个时间和空间下达到协调一致。学习时从易到难,不断地克服困难,逐步地体验成功的乐趣。竹竿舞的运动形式灵活多变,节奏感强,可以培养和提高学生的协调性和耐力素质。

跳竹竿舞时,持竿者姿势有坐、蹲、站三种。在有节奏、有规律的碰击声里,跳竿者要在竹竿分合的瞬间,敏捷地进退跳跃,而且要潇洒自如地做各种优美的动作。

(四)竹竿舞音乐的多元化

竹竿舞的伴奏音乐可以按照节拍自由选择;可以选择节奏优美、激越、豪放、明快的乐曲,也可以与朗朗上口的童谣结合。竹竿的敲打结合音乐的节拍,配合手势、跳姿和全身动态的变化,可以展示优美、潇洒的脚尖上的舞韵。

二、活动内容

竹竿舞的基本技术可分为敲竹竿和跳竹竿。参与者分为两类:一是敲竹竿人(也称打竿人、击竿者),每组 2 人,敲竿者往往是竹竿舞的能者,下蹲的振荡、按节拍击竿的动作,无疑也是舞蹈;二是跳竹竿舞者(也称舞蹈者),其人数不限,可多可少。

(一)敲竹竿的技术动作

持竿者面对面双手各执一条竹竿的尾端,下蹲,随着乐曲,以同样的动作,有节奏地撞击竹竿。具体是先将两竹竿分开同胸宽,向竹片"夸、夸"敲击两下,再将两竹竿合拢,横向在离竿 2～5 寸处"呱、呱"撞击两下。这样就构成"夸、夸,呱、呱;夸、夸、呱、呱"的强弱节拍和竹竿分开敲击两拍、分合横击各一拍的动作。

敲竹竿者姿势有坐、蹲、站三种,变化多样。把竹竿与竹片、竹竿与竹竿碰击出有节奏、有规律的碰击声称为"打柴"。打竿的节拍和方法灵活、多变,节拍可分为二拍、三拍、四拍、八拍等。

(二)跳竹竿的技术动作

跳竹竿者在两竹竿的内、外跳跃,务必合拍,否则竹竿会夹住脚。当两竹竿分开向竹片敲击两下时,跳的人在竹竿的外一侧单脚弹跳两下;当两竹竿合拢时,先将悬脚跳入第一次空当,随后另一脚跳进,前足同时离地,这时刚好又是第二组竹竿的空当,离地的脚跳到击竿外的另一侧,该侧单脚又弹跳两次。如此这般,不断反复。若要跳动轻松欢快应前脚掌着地。当你累了,可以中途退出休息,等休息好了再加入。跳竹竿的方式各式各样,有转体单腿跳、分腿跳等,再结合手上舞姿,具有很强的表演性。

三、组织方法

（一）以点带面的普及方式

主要的实施方案是先以六年级为试点,然后再全面铺开。从开始的每班选部分同学进行敲竹竿的练习,然后再选部分同学进行跳竹竿舞的练习,最后每天大课间时间安排三到四个班级进行竹竿舞"开—合"节奏的动作练习。体育教师全程指导,班主任也参与练习。六年级普及后,安排五年级逐班推进竹竿舞的教学,依次类推,全校铺开。一学年结束,全校师生都能够进行两根竹竿敲击,配合"开—合、开—开—合—合"的节奏进行活动展示。

（二）竹竿由少变多

先练习两根竹竿最基本的"开开合合"节奏,一个月后每个班级的同学都基本能够按照节奏跳过两根竹竿,然后每个点再加一副竹竿。

（三）竹竿阵型的变化

1. 在体育课堂中,体育教师教学生们一些更复杂的敲法、跳法和竹竿的阵型摆法,比如"八卦阵""开合开开合合",让学生提高兴趣和水平。

2. 利用竹竿舞社团在学生中展示节奏变化快、动作变化多、肢体动作复杂的竹竿舞表演。

（四）利用多媒体技术开阔眼界

利用多媒体技术,让学生观看一些竹竿舞的表演视频,开阔学生的视野;同时可以将学生们的练习和表演拍成视频进行欣赏。

（五）竹竿舞表演

大课间跳竹竿舞已具规模，每一位同学都能够有节奏地跳竹竿舞。每天大课间时间门口一个年级一字排开跳竹竿舞的情形非常的壮观，清脆的竹竿敲击声陪伴着每位师生的课间（见附图1、附图2）。

附图1　在区师生运动会和联校运动会开幕式上进行竹竿舞表演

（六）竹竿舞作为校本拓展课程

竹竿舞作为校本拓展课程进行推广，让大课间活动更加丰富多彩，让每位学生都能够快速地掌握和学会跳竹竿舞的技能，让民族体育运动在京都校园生根发芽。课程框架见附表5。

附图 2　竹竿舞在各个活动场合表演

附表 5　竹竿舞课程框架表

年级	课时	重点学习内容
一、二	1	先进行固定处于"开"状态的一副竹竿，单脚"进、出"练习。要求有节奏。
	2	一副竹竿进行"开、合"节奏的单脚"进、出"练习，不要让竹竿夹住脚。
	3	全班一半同学敲竹竿，一半同学进行一副竹竿"开、合"节奏的单脚"进、出"练习。不管是敲竹竿还是跳竹竿的同学要合作一致，不要让竹竿夹住脚，同时每位同学学会敲击竹竿。
	4	全班一半同学敲竹竿，一半同学进行一副竹竿"开、合"节奏的单脚"进、出"练习。不管是敲竹竿还是跳竹竿的同学要合作一致，不要让竹竿夹住脚。
	5	一副竹竿进行"开、开、合、合"节奏的单脚"进、出"练习，不要让竹竿夹住脚。
	6	全班一半同学敲竹竿，一半同学进行一副竹竿"开、开、合、合"节奏的单脚"进、出"练习。不管是敲竹竿还是跳竹竿的同学要合作一致，不要让竹竿夹住脚。
	7	两副竹竿进行"开、开、合、合"节奏的单脚"进、出"练习，不要让竹竿夹住脚。
	8	全班一半同学敲竹竿，一半同学进行两副竹竿"开、开、合、合"节奏的单脚"进、出"练习。不管是敲竹竿还是跳竹竿的同学要合作一致，不要让竹竿夹住脚。

年级	课时	重点学习内容
三、四	1	巩固两副竹竿"开、开、合、合"节奏的单脚"进、出"练习。不要让竹竿夹住脚的同时要有节奏。
	2	两副竹竿"开、合—开、开、合、合"节奏的单脚"进、出"练习。不要让竹竿夹住脚的同时要注意节奏的变化。
	3	全班一半同学敲竹竿，一半同学进行两副竹竿"开、合—开、开、合、合"节奏变化的单脚"进、出"练习。不管是敲竹竿还是跳竹竿的同学要合作一致，不要让竹竿夹住脚。
	4	全班一半同学敲竹竿，一半同学两人一组进行两副竹竿"开、合—开、开、合、合"节奏变化的单脚"进、出"练习。跳竹竿的两位同学要步调一致，不要让竹竿夹住脚。
	5	全班一半同学敲竹竿，一半同学两人一组进行两副竹竿"开、合—开、开、合、合"节奏变化的单、双脚"进、出；进、进、出、出"练习动作。跳竹竿的两位同学与敲竹竿的同学要节奏一致，不要让竹竿夹住脚。
	6	三副竹竿"开、合—开、合—开、开、合、合"节奏的单双脚"进、出；进、出；进、进、出、出"练习，要注意节奏和脚的变化。
	7	六位同学敲竹竿，其他同学两人一组轮换进行三副竹竿"开、合—开、合—开、开、合、合"节奏的单双脚"进、出；进、出；进、进、出、出"练习，注意节奏和脚步的变化，不要被竹竿夹住脚。
	8	巩固六位同学敲竹竿，其他同学两人一组轮换进行三副竹竿"开、合—开、合—开、开、合、合"节奏的单双脚"进、出；进、出；进、进、出、出"练习，注意节奏和脚步的变化，不要被竹竿夹住脚。

续表

年级	课时	重点学习内容
五、六	1	巩固进行两副竹竿"开、合—开、开、合、合"节奏的单脚"进、出;进、进、出、出"练习。不让要竹竿夹住脚的同时要注意节奏的变化。
	2	巩固全班一半同学敲竹竿,一半同学两人一组进行两副竹竿"开、合—开、开、合、合"节奏变化的单、双脚"进、出;进、进、出、出"练习动作。跳竹竿的两位同学与敲竹竿的同学要节奏一致,不要让竹竿夹住脚。
	3	巩固六位同学敲竹竿,其他同学两人一组轮换进行三副竹竿"开、合—开、合—开、开、合、合"节奏的单双脚"进、出;进、出;进、进、出、出"练习,注意节奏和脚步的变化,不要被竹竿夹住脚。
	4	学习两副竹竿"十字"阵型"开、开、合、合"动作的练习,注意跳的方向和顺序。
	5	学习三副竹竿"米字"阵型"开、开、合、合"节奏变化的练习,注意跳的方向和顺序,同时注意节奏。
	6	配上音乐,学习三副竹竿"米字"阵型"开、开、合、合"节奏变化的练习,注意跳的方向和顺序,同时注意韵律和手上的动作。
	7	配上音乐,学习四副竹竿"八卦阵"阵型"开、开、合、合"节奏变化的练习,注意跳的方向和顺序,同时注意韵律和手上的动作。
	8	加上音乐开始和结尾的全体亮相和结束动作,进行平摆四副竹竿和八卦阵型变换的"开合、开开合合"节奏变化的表演性质的练习。注意节奏、韵律和表情。

四、跳竹竿舞的注意事项

（一）跳竿者要注意节拍,在两竹竿的内、外跳跃,务必合拍,否则竹竿会夹到脚。

（二）跳竿者要用前脚掌着地来进行跳跃,可使跳动轻松欢快。

（三）跳舞者要仔细体会音乐和竹竿的节奏，按照节奏在竹竿的空隙来回跳跃舞蹈。

（四）敲竹竿的同学要集中注意力，按照敲竹竿的要求和节奏敲打竹片。

（五）敲竹竿的同学不要分散注意力，避免被竹竿夹到手指。

五、竹竿舞在阳光体育活动普及中存在的一些困惑

（一）竹竿舞不是竞技型体育项目，所以在推广和普及的过程中会出现一些阻力。

（二）中小学民族传统体育项目的普及程度，各省市存在差异，杭州市普及程度不高，社会聚焦点低。

（三）竹竿舞所用的长竹竿，城区运输困难，器材比较难解决。

（四）我校阳光体育竹竿舞活动的跳法、敲法和阵法在达到一定的高度后上升空间狭小，需要专家提供指导，使之更加出彩。

（本案例由杭州市京都小学程国美提供）

快乐蹦床进校园
——杭州市胜蓝实验小学阳光体育特色体育项目案例

一、案例背景

蹦床运动，被誉为空中芭蕾，运动员通过蹦床器械的弹性，将身体反弹到空中展现出优美的身体姿态和做出各种高难度动作，让人赏心悦目，眼花缭乱。现如今蹦床作为一项新兴的运动，在国内的群众体育运动中已经有很高的人气度，尤其为少年儿童所钟爱。

2016年初杭州市胜蓝实验小学在安全性、普及性、趣味性、锻炼性的基础上，依据校园实际，引进以"蹦床基础训练"为主要内容的校园蹦床特色项目，

并作为学校体育精品活动项目之一，蹦床课刚设立之初，这项新颖的运动项目就受到我校学生的喜爱，媒体关注度高。经过短短两年时间，蹦床项目成绩喜人，代表学校参加过省、市各大蹦床比赛，以及各大活动的开幕式展演等，现已成为浙江省体育传统项目学校阳光体育后备人才基地培养项目。

二、设计思路

蹦床项目以"少年儿童蹦床基础训练"为主要内容，旨在锻炼孩子们的协调性，促进学生身体发育，提高身体的协调性、灵敏度和平衡感，增进学生体质。蹦床课分蹦床上和地面技巧动作两大类：蹦床上动作以基础跳及坐弹、腹背弹等酷炫、刺激的动作展现蹦床运动的趣味性；地面动作则是以滚翻类的动作练习为主。

三、活动目标

（一）通过蹦床课程学习和训练，引导学生对蹦床项目有初步的了解和认识，并对蹦床运动产生浓厚的学习兴趣。

（二）通过蹦床基础训练，让学生基本掌握网上的各种动作技能，并培养良好的蹦床网感。

（三）通过蹦床基础训练，促进学生身体发育与脑部发育，提高学生身体协调性、灵敏度和平衡感。

（四）通过蹦床基础训练，锻炼学生的意志品质，从小培养吃苦耐劳、克服困难和敢于挑战的精气神。

（五）通过蹦床课程学习，逐步培养一批优秀蹦床小运动员，在蹦床比赛中收获成功。

四、活动内容

（一）蹦床动作练习

重点：初步让学生掌握蹦床上的各种基础动作，以及协调能力。

难点：在蹦床上身体的平衡感以及学习动作时，手脚的协调性、准确性。

1. 向前和向后绕圈走

2. 大象走

3. 兔子跳

4. 青蛙跳

5. 叉腰跳

6. 单腿跳

7. 十字跳

8. 踢腿跳

9. 高抬腿跳

10. 夹臂跳

（二）地面动作练习

重点：前后滚翻的身体姿势。

难点：侧手翻手脚协调和身体的力量。

1. 团身前滚翻

2. 团身后滚翻

3. 侧手翻

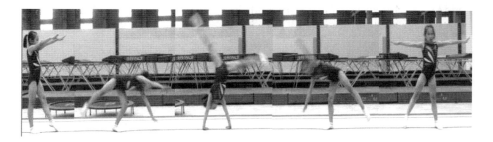

五、组织形式

1. 活动时间：每天下午困难班 3：00—4：00。

2. 场地设置：多功能厅、室内体育馆，具备 15 张直径 1.4 米的蹦床与若干海绵垫。

3. 参与人数：30～35 人左右，保证每张蹦床 2～3 人轮流进行练习。

4. 安全措施：器材与场地的安全检查，课堂安全与自我保护的教育。

（本案例由杭州市胜蓝实验小学张云峰提供）

阳光体育课程资源开发
——纸制器材的开发与利用案例

一、设计思路

中小学生体育器材是保证体育教学、课外活动和课余训练正常进行的重要内容之一。适宜的体育器材设施对激发中小学生的运动兴趣和有效进行体育锻炼能起到事半功倍的作用，对中小学生在运动参与、运动技能、身体健康、心理健康和社会适应等各方面的发展也有着重要的作用。新课程标准实施以来，很多学校的教师因为器材缺乏而不能更好地实践新课标的思想。如果旧报纸、纸板箱、旧作业本等能进行合理开发与利用,不失为一种理想的体育教学器材。这不仅能够合理地利用和开发有效资源,而且在使用过程中更加安全。

二、活动内容

(一)在进行跳跃能力的教学时,可利用报纸做一些辅助材料。如把报纸打开平铺于地面,让学生从这头跳到那头(可在原地或行进间用单脚或双脚跳)。学生可根据自己的需要用一张或多张摆开连续跳、跨过,培养学生自己动手的能力。又如:可用报纸来代替跳高杆练习跨过一定的高度,具体方法如下:把报纸卷成一圈,把学生分成3至5个一组,两个学生抓住两端,其他学生可原地或行进间跨过或跳过,然后互相交换角色。学生可根据实际情况调整高度,避免了用跳高杆使学生产生恐惧心理,同时既安全又轻巧,也可用纸箱横放或者竖放进行练习。

(二)在投掷练习教学中,把旧报纸或各种纸折成纸飞机进行掷高练习,发展学生的上肢力量;用旧纸制品制成沙包来代替铅球、实心球垒球等进行不同距离投远;用沙包代替实心球或铅球进行原地、侧向或背向推铅球教学。学生在折纸飞机和制作沙包过程中,发展动手、操作和思维能力,使创新教学理念贯穿于整个体育教学的过程。

(三)在进行球类教学时,用旧报纸制成纸球用作排球、篮球、足球等球类练习。在进行篮球的投篮练习时,用纸箱制成简易的篮筐用钉子固定在墙上或木桩上,用纸球进行投篮练习;用纸球代替足球进行运球、射门练习、也可用纸箱竖立在操场的一端当成球门进行射门练习。用纸球代替排球进行双人、多人传接球练习、传球过网练习等。鼓励学生根据各种球类不同的特点,制成大小、颜色各异,漂亮美观的球,不但能拓展学生的思维,还能培养学生的审美观,让艺术与体育融为一体。

(四)在田径教学中可利用沙包或纸箱做一些辅助教学材料。如在快速跑教学中为训练学生迅速起跑的意识,设置了一个教学环节,即在起跑者的背后,安排一位学生用沙包投击,起跑越快,向前跑出越迅速,沙包击中率越低,用以促进起跑速度,激发学生快速跑的潜力,达到快速跑练习的目的。对投掷者来说也锻炼了瞬间投掷的快速反应能力,激发了学生的学习兴趣。在纠正步频和步幅的教学中,利用若干沙包适当距离摆放,让学生有选择地练习,步频慢的学生选择间距小的一组进行练习来解决步频问题;步幅小的学生选择间距大的一组进行练习来解决步长的问题。将沙包放置于地面上,围绕两个沙包(或纸箱)做往前跑后退跑;围绕若干沙包(或纸箱)做连线跑、对角跑,也可以将沙包围成一个圆形,围绕这个圆形做合适的跑、跳、绕等练习。如:组成圆形,绕圆做各种变姿跑等;用沙包做走、跑、跳、跨的标记,如用于急行跳远和跳高中的助跑和起跳点,三级跳远中第三跳的落地标记,竞走中步幅的确定标记,放置不同颜色的沙包做不同距离的快慢跑等。

(五)在武术教学中,可用旧报纸或纸箱做一些简易、轻巧的武术器材。如在刀术或剑术教学中,把纸箱制成约 5 厘米宽,60～70 厘米长的纸刀进行教学。为了提高学生的兴趣,可在纸刀的末端钉上彩带,使之看起来更美观。同时,采用纸刀避免了教学中用真刀实剑存在的安全问题。用报纸揉成网球或垒球大小,中间用长绳,周围用透明胶带固定成流星锤状,可以进行武术散打和基本功练习教学等。

(六)用纸箱制成简易的体操垫,进行垫上技巧的教学,如仰卧推起成"桥"、各种滚翻技巧动作的练习。当然可根据具体内容的教学需要,增加纸垫的厚度;也可以在纸垫上做一些素质练习,如俯卧撑、立卧撑等练习。

(七)利用纸制品制成的体育器材可进行各种有趣的游戏。

1. 送报游戏:主要是发展学生的奔跑能力。将学生分成人数相等的若干组,将报纸贴于体前或手臂,用慢跑或快速跑进行 25 米往返跑送报接力,报纸不能掉下来,最先完成即为胜队。该游戏可在篮球场或排球场上进行。

2. 托球接力:把游戏者分成人数相等的若干队,发令后各队学生用羽毛球拍或乒乓球拍托球(沙包)做往返接力赛。要求:途中不能用手去扶球,球掉后须捡起来继续进行。

3. 春种秋收:把游戏者分成人数相等的若干纵队,排头拿一个篮子(或小纸箱)里面有若干沙包(作为种子)。发令后,排头拿篮子的同学在跑动中把沙包(种子)放入指定的位置后返回,第二个人拿篮子依次将"果实"拾起后返回。依此类推,先完成的队为胜队。

4. 吹纸比远:将纸放在桌上,参与者深吸一口气后,朝纸用力吹气,看谁吹得远。

5. 接球比多:两人适当距离面对面站立,来回相互抛、接球(沙包)。接住球次数多的为胜。可以安排三人或多人多球追、抛、接球。

6. 投手榴弹:游戏者站在线后,手拿数个"手榴弹"(沙包),听信号挥臂将"手榴弹"投向前方 10 米远的固地点(一个直径 3 米的圆),以规定时间内落入多的为胜。

7. 双拍夹球跑:游戏者两人一组并肩同向而站,内侧手各拿一个乒乓球拍或羽毛球拍夹住一个沙包,听信号双拍夹球同速向前跑,中途有掉球者,就地拾起继续,直至终点,以快慢定胜负。根据需要可制作大小不同的沙包,比赛距离根据学生的具体情况确定。

8. 空中拦球:游戏者三人一组,其中两人相距 6～8 米面对面站立,相互抛球,另外一人站在中间自由移动想方设法拦住球;然后互换角色,在规定时间内拦住球次数多的组为胜。

三、实践反思

总而言之,我们身边存在许多被废置的器物,如果我们能充分地再次利用,那会给我们的教学带来帮助。例如,体育教师能充分利用"纸制品",不但能给体育教学带来方便,还能增强学生的思维、动手、审美能力;同时,还可以教育学生要有意识地利用身边的有效资源,不浪费资源,达到对学生进行环保教育的目的。所以,体育教师要善于发现,善于利用有效资源。

小板凳戏"龙"

一、案例背景

　　课程改革的重点不在于形式,而应该是教学的实效性,应该把重点放在教育教学效果的提高和学校现有资源的开发和利用上。课程资源的开发和利用,不论是在观念上还是在实际操作上都给我们体育教学注入了新的活力。新课标强调教学中以学生为主体,发展学生个性,培养学生的创造精神和实践能力,这为教师与学生在教和学中留出了相当大的选择余地和发展空间,也激发学生的运动兴趣和爱好,拓展学生学习的内容,提高他们的合作能力和团队精神,培养他们的民族自豪感,发扬创造精神,让学生在喜悦的运动中体验快乐与成功。

二、设计思路

　　根据新课标精神,在教材上选取了舞龙。舞龙是一项需集体团结协作共同来完成的民族民间活动。同时,我选取游戏:赛龙舟和叠龙,使学生在友好相处、合作学习、共同创新的学习氛围中增强力量素质,培养学生积极进取、勇于竞争、吃苦耐劳的良好品质。教材内容上照顾到上下肢全面发展。教学时,选用学生常用的小方凳为器材,场地设计根据学校自身条件选取了一块篮球场。在教学过程中,根据三年级学生年龄特点创设"舞龙"的情景,通过老师的语言让学生自己体会理解,配合音乐背景以达到教学需要的效果。在教学过程中,我没有被动式接受,而是运用导趣、换位、探究、参练、引思、渗透的教学策略,让学生主动参与到运动中来,在玩中学、在学中玩,通过这些达到非常好的教学效果。

三、活动内容

（一）导趣

根据低年级学生情感易变、模仿性强、注意力容易被吸引等心理特点，采用多种多样的手法，唤起学生的情感，激发学生的兴趣，让学生在乐中学、学中乐，越学越爱学。在本节课中，笔者以"引龙、谈龙、学龙、舞龙、赛龙、叠龙、唱龙"为主线，将教学内容自然融入其中，使学生对学习内容产生浓厚兴趣，这就为教师调节整个课堂气氛创造了有利的条件。善于诱发学生学习的兴趣，给他们启发，激励他们沿着正确的思维进行想象，这正是体育新课程所倡导的。

片段 1：引龙

"白龙马，蹄儿朝西，驮着唐僧和三兄弟……"

播放，时间一分钟左右。学生一下子被熟悉的音乐吸引，听着音乐进场，也不自觉地和着音乐齐唱，

师：这是什么动画片的片尾曲？

生：《西游记》（几乎异口同声）

师：那这部动画片有哪些主要人物啊？

生：孙悟空、白龙马、龙王……

师：今天就来讲一讲龙的故事（龙是汉民族崇拜的图腾，传说海洋是龙的世界，江河湖溪中的深潭也都是龙的藏身之处）。

一天，龙王腰痛难忍，龙宫中的所有药物都吃完了，仍不见效，只好变成一个老头来到人间求医。大夫摸其脉后甚觉奇异，问道："你不是人吧？"龙王看瞒不过去，只好说出实情。于是，大夫让他变回原形，从他腰间的鳞甲中捉出一条蜈蚣，经过拔毒，敷药，龙王完全康复了，为了答谢治疗之恩，龙王向大夫说"只要照我的样子扎龙舞耍，就能风调雨顺，五谷丰登"，这件事传出后，人们便以为能兴云布雨，每逢干旱便舞龙祈雨。这就是舞龙的来历。

师：有谁见过龙是什么样子的？

生：头上长角，身上有鳞片，有四肢爪子，有胡须，马的头，鹿的角……

师:我们中华民族是龙的传人,龙的文化、龙的精神在我们身上体现。

在引出龙之后,让学生观看龙的图片。

学生在教师语言引导下特别想知道在这节体育课中到底有什么样的故事发生,更想知道这节课老师究竟要带我们学些什么? 就这样在课的一开始就抓住了孩子们的心,为整个课开了个好头。笔者认为在小学教学中尤其是低年级的教学中运用情景激发学生学习兴趣可以取得"事半功倍"的效果。小小音乐的应用大大提高了学生的学习兴趣。

(二)角色换位

片段2:谈龙

抛开传统的四列横队做"万能操"的形式,变教师教为学生教的师生角色换位形式,引领学生进入思考,解决老师的问题,学生特开心。结合舞龙动作和学生一起创编了一套简单又刚劲有力,具有时代感的板凳操,配上节奏明快的音乐,让学生在轻松和谐的气氛中进行热身,展示自我,体现成功的喜悦。

学生在体育课中初次接触到小板凳,感到很新颖、好奇,甚至有点儿兴奋,学习兴趣油然而生。

师:"同学们,想不想知道小板凳和龙有什么关联呢?"

生:"想!""舞龙!"

师:"你们太聪明了!""现在遇到问题了,同学们是不是可以帮助老师来想想办法啊?""那么大家可以做什么样的上肢运动?"

(生考虑之中,也有跃跃欲试的。)

师:"请你来好吗?""你可真棒,给他点掌声好吗?""还有谁愿意来帮帮老师?"

(三)探究

片段3:学龙

笔者采用提问诱发学生的课堂思维、想象能力,使民俗舞龙与实际课堂练习紧紧相连。引导学生共同参与到学龙动作造型的编排与练习,建立和谐、民主和共同学习的课堂氛围,培养学生思维的灵活性、认真思考的学习态度、创新钻研的学习风气和协作配合的团队精神。

播放音乐情景:《金蛇狂舞》

分成四个小组练习,根据图片想象模仿,要求学生在练习中探索、感悟蛟龙翻江倒海、奋力拼搏的精神。

师:"我们学学龙的模样,想象它们时而飞入高空,直冲九霄,时而潜入水底,腾江倒海"。

(生讨论和研究,分成小组练习。)

师(教师指导和点评):"这条龙有点温和哦。"

师:"刚才我们学的是单龙表演,那么我们可以试试双龙戏珠、双龙绞水的动作吗?"

师:"我们的龙千姿百态,同学们创造了龙的各种造型,活灵活现,真棒!"

生:"我们是最棒的!"

片段 4:舞龙

《体育课程标准》要求教学以学生发展为本,尊重学生的主体地位,强调课堂教学中教师起主导作用,学生才是真正的学习主体,教师的"教"是为学生的"学"服务的。根据以上的精神,笔者在教法上进行了改革,立足于学生主体地位,引导学生主动思考,让学生自己动手主动学习和创造,使舞龙的文化背景与课堂练习的走、跑、跳、转、摆结合起来。开展民俗舞龙教学不但是学习民族文化,而且是爱国主义思想教育,同时体现龙的传人的精神力量。

在主教材教授过程中,学生先是原地舞龙,再是走动中练习,边走边舞,然后走跑结合。在动作要求上,教师不是让学生应该怎样怎样,而是通过语言,让学生思考体会走、跑的动作,让学生明白如何才能使自己更协调、更省劲地完成"舞"的过程。

舞龙学习,从舞龙的握、举、走的步伐和集体队列的学习,遵循运动锻炼循序渐进的原则,让学生从简单动作开始,体会民俗舞龙与课堂技术学习衔接的连贯过程和全程技术动作练习,这是本课的学习重点。在不同的技术学习中,让学生获得上、下肢活动的协调能力,发展力量和灵敏素质,培养团队意识和集体主义精神。

(四)参练

片段 5:赛龙舟

体验,是一种学生通过自身的活动从中获得感性认识的过程,其主体是学生本人,教学的实效性在于学生是否积极主动参与到学习过程中。参练不仅仅指学生练习,同样也指教师能否参与学生练习中,和学生共同学习共同游戏,这也是新课程标准着重体现的。

在本节课中本着充分利用情景、音乐、游戏、语言、动作等来引导学生参加练习,同时也通过自己的积极参与提高学生练习的积极性。如:学龙、舞龙先让学生通过想象,积极主动参加练习。最后将动作做得标准的学生挑选出来带领大家一起练习。

师:"马上要到五月初五的端午节了,端午节可以做什么呢?"

生:"吃粽子。""赛龙舟。"

师:"想象自己在西湖里划船的情景。""想去西湖里划龙舟吗?"

生:"想!""太想了!""耶!"

师:"那我们可要准备好喽。请听要求,如果哪组获胜了,可要把你胜利的喜悦大声喊出来哦,观看的另两组也要为他们加油助兴。"

组织学生在篮球场底线开始比赛,另两组在两边线排开做啦啦队。选派两名学生到终点当水柱,要求学生认真比赛,紧跟前面同学,注意安全,并客观评价。

(五)引思

片段 6:叠龙

要正确处理"教师主导"与"学生主体"的关系,提倡自主、合作、探究学习,不要排斥和否定接受式学习。教学过程中教学方式和手段不是单一的,多种教学方式交互使用能够达到更好的教育教学效果。

在叠龙(搬运凳子跑和叠凳子比赛)中,笔者组织学生四路纵队,拉开间距纵向往返(游戏次数要视时间而定)。

师:"将手中的小板凳从起点逐个运送到终点,再将10张小板凳组成一条高高的龙,比一比,哪一组最快完成运送工作,而且组合成的龙最高,最终评出最佳速度奖与最佳高度奖和总分奖。"

释疑:让学生带着问题进行尝试,并让学生集中一分钟思考。如何叠得高? 如何跑得快? 如何将两者最有效结合? 在教学过程中,笔者首先讲解游戏的方法及规则,每个小组进行合作学习,并分享练习一次后的感想。

师:"发现问题了吗?"

生:"都是一个朝向叠会重叠。"

生:"两张凳子脚对脚叠,然后另外两个脚对脚叠。"

生:"搬运凳子后,到前面叠凳子。"

一轮结束后,总结评价。

师:"那我们再来试一次好吗?""想来个比赛吗?"

生:"想!"

比赛结束后,对各组凳子的组合进行评价。

师:"请哪组来说说呢。"(学生展示和说明方法)

游戏中,组合成的"龙"有的是学生从日常生活中观察到的,有的是学生想象的,通过小组间的讨论、商议与团结协作才能把凳子组合得又快又好,既培养学生的动手能力,又培养学生相互之间的合作精神。

(六)渗透

片段7:唱龙

将体育与音乐、语文有机结合在一起。让学生"说龙""唱龙",考查学生语言组织表达能力,使得本节课更加丰富多彩,课堂不仅仅停留在体力、体能的教学。

播放音乐：龙的歌曲(白龙马，豆豆龙，小龙人，龙的传人……)

师："请同学们回忆下，今天老师说了多少个龙的成语，你们学会了几个？"

生："龙马精神，神龙不见尾，龙腾虎跃，蛟龙得水，龙腾九霄，故龙探梅，双龙戏珠，卧虎藏龙，直捣黄龙……"

师："你们的舞龙表演，体现出中华民族龙的传人精神。"(气势雄伟，腾云驾雾，翻江倒海……)

最后，各组龙向场内圆心靠拢，外两圈围圈游动，内圈龙头戏珠，并把凳子放在圈内堆高。师生听着《纳西篝火阿哩哩》的四步节奏音乐齐跳篝火舞，愉快地结束学习。本课从一开始到结束都围绕民族传统文化这一中心，师生共同设计、实施，一条线贯穿始终。

四、实践思考

(一)资源利用校本化

生活中的小凳子运用到体育课堂中，满足了学生们的好奇心，也为上好体育课铺设了良好的条件。充分利用现有的场地器材，挖掘、提升资源的利用率。在本案例中，场地为一个篮球场，器材是小学生常用的小板凳、体操棒。积极利用和开发课程资源是顺利实施课程的重要组成部分。小板凳在日常生活中是很常见的，但很少有人利用小板凳进行身体锻炼，在体育课上运用小板凳来进行教学的就更少了。这一节课将"小板凳戏龙"作为教学内容，开发与利用了新的课程资源。通过本课的学习，也让学生知道在日常生活中很多的物体都可以用来进行体育锻炼；同时，还可以让学生开动脑筋利用凳子创造各种造型"龙"的游戏。

(二)学习方式自主化

新课改的一个重点就是改变学生的学习方式，由被动接受变为主动探究。纵观本案例在改变学生学习方式、突显学生的主体方面有许多闪光点，如在"学龙"徒手操中让学生展开想象、开动思维，展示自己创造的各种动作形象。在主教材中，教师通过语言提示，学生通过想象，体会动作，自己寻找最合适的练习方法,这样就大大提高学生掌握动作的效率。

(三)课堂教学情景化

情景化和故事性是本节课的又一个特点,教学活动通过《西游记》"白龙马"的故事情节展开。动画片是孩子们特别喜欢的节目,动画片中的人物故事孩子们耳熟能详,其中情景都是孩子们喜欢的情境。因此,情景化教学一开始就抓住了孩子们的心理,这对激发学生学习热情,有效地完成学习目标有着重要的作用。学生在每个环节练习中都像是完成一个故事情节,这让他们更加投入地完成学习任务。

(本案例由华东师范大学附属杭州学校李飞玉提供)

图书在版编目（CIP）数据

让校园阳光起来——阳光体育活动新视角 / 张刚编著.
—杭州：浙江大学出版社，2020.6
ISBN 978-7-308-20299-2

Ⅰ．①让… Ⅱ．①张… Ⅲ．①体育教学－教学研究
Ⅳ．①G807.01

中国版本图书馆 CIP 数据核字（2020）第 104133 号

让校园阳光起来——阳光体育活动新视角

张　刚　编著

责任编辑	石国华　　冯社宁	
责任校对	董雯兰	
封面设计	周　灵	
出版发行	浙江大学出版社	
	（杭州市天目山路 148 号　邮政编码 310007）	
	（网址：http://www.zjupress.com）	
排　　版	杭州好友排版工作室	
印　　刷	杭州高腾印务有限公司	
开　　本	710mm×1000mm　1/16	
印　　张	12.5	
字　　数	230 千	
版 印 次	2020 年 6 月第 1 版　2020 年 6 月第 1 次印刷	
书　　号	ISBN 978-7-308-20299-2	
定　　价	48.00 元